開卷遥相憶

纪念文集

1956-2016

交通运输部公路科学研究院

人民交通出版社股份有限公司
China Communications Press Co.,Ltd.

图书在版编目（CIP）数据

开卷遥相忆 / 交通运输部公路科学研究院编．— 北京：人民交通出版社股份有限公司，2016.9
ISBN 978-7-114-13308-4

Ⅰ．①开… Ⅱ．①交… Ⅲ．①中国文学－当代文学－作品综合集 Ⅳ．① I217.1

中国版本图书馆 CIP 数据核字 (2016) 第 203541 号

开卷遥相忆
KAIJUAN YAO XIANGYI

著 作 者：交通运输部公路科学研究院　编
责任编辑：孙　玺　牛家鸣
排　　版：北京楚泰文化传播有限公司
出版发行：人民交通出版社股份有限公司
地　　址：北京市朝阳区安定门外外馆斜街3号（100011）
网　　址：http://www.ccpress.com.cn
销售电话：（010）59757973
总 经 销：人民交通出版社股份有限公司发行部
经　　销：各地新华书店
印　　刷：北京雅昌艺术印刷有限公司

字　　数：178 千　开　　本：720×980　1/16　印　　张：20.5
版　　次：2016年 9 月　第 1 版
印　　次：2016年 9 月　第 1 次印刷
书　　号：ISBN 978-7-114-13308-4
定　　价：42.00元

序

Preface

2016 年 10 月 10 日，是交通运输部公路科学研究院（以下简称“公路院”）建院 60 周年纪念日。60 年前，伴随新中国“向科学进军”号角的吹响，公路院在充满阳光的日子里呱呱坠地。60 年后的今天，公路院已经是“子孙满堂”、备受尊敬的长者了。

60 年来，公路院一路风雨兼程，一路荣光绽放。从二十世纪五六十年代的渣油路面、钻孔灌注桩和双曲拱桥“三大法宝”，到 70 年代的青藏公路多年冻土地区黑色路面修筑技术；从 80 年代提出的车辆购置附加费政策建议，到 90 年代的半刚性基层沥青路面技术，再到新世纪以来在多领域取得的重大科技成果，等等。公路院人披荆斩棘、勇于创新、求真务实，创建和引领了新中国公路交通科技事业，见证和参与了新中国公路交通事业的伟大实践，为中国公路交通现代化作出了重大贡献。

60 年来，一代又一代公路院人，创造了丰硕的物质财富，也留下宝贵的精神财富。为缅怀历史，珍藏记忆，激励后人，2015 年下半年，公路院向在职职工和离退休老同志发出征文通知，得到了大家的积极响应，本书的绝大多数文章就是从征文里择选出来的。本书收录的都是作者（或讲述者）的亲历亲闻，以散文、诗歌、访谈录或纪实通讯等形式，通过一则则感人故事、一个个历史片段、一幕幕真实场景，追忆了公路院与共和国沧桑巨变休戚与共的历历往事，记录了公路院人在共和国公路交通不平凡之路上的雪泥鸿爪，抒发了公路院人与公路院命运的水乳交融之情。

本书由“风范”“足迹”“情愫”“映像”四部分组成，“风范”收录了曾威、何乃民、朱学文、沙庆林等老一辈科研工作者的感人故事，表现出他们严谨求是的科学态度、艰苦奋斗的优良作风、敬业奉献的高尚品格和报效祖国的赤子之心。“足迹”记录了“7386”工程的始末、环保专业的初创、公路交通综合试验场立项的艰辛、京沈高速公路跨省市联网收费示范工程的苦战，等等。这一串串难忘的足迹，再现了公路院人不屈不挠、开拓前进、勇攀高峰的奋斗历程与酸甜苦辣。而在“情愫”部分，作者讲述了他们工作生活中的逸闻轶事，倾诉了他们对公路院的热爱、感恩，表达了他们对公路院沧桑岁月的感念或对前辈们开创事业的敬仰之情。“映像”部分则从多个视角展现了当代公路院人的感受、体验和风采。

这本书，不是公路院的“正史”，也不是公路院的光荣榜；但却留存着公路院人的珍贵记忆，流淌着公路院60年的渊源血脉，反映着公路院人的时代精神。其中，蕴含具有独特气质的、以精神文化形式表现出来的公路院精神，涵养兼具传统渊源和时代精神的公路院先进文化。从这个意义上说，这本书是我们献给建院60周年的一份厚礼！我坚信：往日的辉煌，一定会孕育出明天的希望；今天的努力，一定会成为未来公路院人美好的回忆！

需要说明的是，受作者经历所限，或因时间久远而记忆模糊，书中所涉及的人或事可能存在述评不全面、不准确的问题；以及受编者水平所限，书中难免有疏漏错误，敬请各位读者理解海涵、批评指正。

最后，感谢各位作者对本书内容的贡献，感谢公路院综合办罗叶红、韩立志等同事在征文、选编、图片收集处理等工作中的积极努力，感谢公路院《公路交通科技》杂志社柏青同志书写了书名，感谢人民交通出版社孙玺、牛家鸣等同志的辛勤工作！

交通运输部公路科学研究院党委书记杨文银

2016年6月

目录

Contents

風范

足迹

情愫

映象

風范

厚德流光　高情远致

——怀念曾威前辈

蔡国宏 ■ 原公路所所长

我国著名的公路和桥梁专家、公路科学研究的开拓者曾威离开我们已经多年了。作为与他在科研单位朝夕相处、风雨同舟长达 47 年的老同事，作为与他有着笃厚友谊的老朋友，在我心目中，他那厚德载物、至真至诚的品格，严谨务实、开拓创新的工作作风令人敬仰，是我和同行学习的典范。特撰写此文，以表达对他深切的怀念之情。

1992 年公路所贺曾威八十大寿

◎ 历经坎坷　中国知识分子典型

曾威 1913 年 1 月 8 日出生于福建省长乐县，起名为越生，原名景贤。他的父亲曾国麟毕业于北京大学地理系，后来当了一名盐务官，其母亲毕业于协和医学专科。优越的家境使曾威兄妹七人都受到了良好的教育。曾威排行第二，他天资聪颖，喜欢接触新思潮、新事物。也许是因为曾家祖上是海军世家，他的血液中也涌动着忠于祖国、报效国家的激情，一直向往着投身于轰轰烈烈的革命运动。正因如此，14 岁那年，曾威离开了北京的家，打算取道东北，坐火车到苏联参加革命。他的母亲带着妹妹在哈尔滨火车站苦等三天，终将他成功“捉拿”，带回了家。如果没有这次拦截，很难说曾威一生的命运将会怎样——也许，中国会因此少了一位优秀的公路与桥梁工程师、专家、教授、研究员……

曾威先后就读于北京汇文小学、汇文中学，1927 年就读于哈尔滨东省铁路许公立学校，4 年后被保送东北大学土木工程系。期间校长曾写信给曾威的父亲，夸他是“学校里最聪明的学生”。因“九·一八事变”，曾威转读天津北洋大学土木系，1935 年获学士学位；同年 9 月，赴美国康奈尔大学留学，1937 年 7 月获得土木工程硕士后，继续攻读博士学位。对于这位风华正茂的年轻人来说，学业顺利，前程似锦，一切都

◀青年时代的曾威

那么圆满，“春风得意马蹄疾”，一条平坦笔直的锦绣大道就在他的脚下徐徐铺开……

然而不幸的是，1938年3月，正当曾威准备进行博士论文答辩前夕，在湖南湘江渡口，一场突然的车祸令曾威痛失双亲。来不及完成博士学业的他，便匆匆回国奔丧。

父母的去世，使曾威失去了最主要的经济来源，加上还要抚养几个年幼弟妹，办完父母的丧事后，曾威选择了参加工作。为了能够多挣些钱，他同时担任几所大学的教员，从此开始了他与公路、桥梁相伴一生的教育与科研道路。

曾威担任过湖南大学土木系教员，当过中央工业专科学校、中央大学、重庆大学、复旦大学教授，33岁时任北洋大学土木系教授兼系主任，1947年到台湾担任台湾大陆工程公司总工程师。

新中国的成立，燃起曾威的报国热忱。他辞去工作，经香港回到内地。1950—1951年在北洋大学任教。1951—1954年任东北人民政府公路局一级专家兼总工程师。1954年，曾威调任交通部公路总局副总工程师，两年后被国务院任命为交通部公路科学研究院副院长，同时筹建交通部西安公路学院。1957 年被错划为右派，遭受不公正待遇，期间曾有较长一段时间在甘肃公路基层单位工作。“文化大革命”期间与交通部广大知识分子一样受到冲击，下放干校。直至十一届三中全会后，曾威才得以发挥才干，开始从事交通科研和科技管理工作，并身兼一级工程师、一级研究员、一级教授。曾威先后任交通部科技局总工程师、交通部科学院总工程师、交通部公路科学研究所研究员、学术委员会名誉主委和学位委员会主任、国际材料和结构研究所协会技术委员会委员、中国国际工程咨询公司特聘顾问、国家发明评选委员会委员、中国土木工程学会及桥梁和结构工程学会名誉理事，以及多座特大型桥梁的特聘专家、顾问等。

曾威从 14 岁起追随革命道路未果，转身投入科技救国之路，新中国刚刚成立即回国参加工作，虽然被划为右派，下放西北劳动，受到“文化大革命”的冲击，历经中国知识分子的坎坷历练，但报国之心始终不渝。在立志追随革命的第 60 个年头，1986 年，曾威光荣地成为一名中国共产党党员，1992 年被授予中央国家机关优秀共产党员称号，获得许多荣誉，多次应邀赴人民大会堂参加国宴。在交通部机关全力推进公路桥梁技术进步时期，曾威回到交通部公路科研所指导科研，带研究生，发挥全部的余热。

退休时他已 87 岁，是部长特批的级别最高、工作年龄最长的科技人员。

◎ 立足国情　开创桥梁新技术

应该说，曾威是我国预应力混凝土公路桥梁的开拓者。1956 年，曾威任交通部公路科学研究院筹备处主任（后任副院长），期间主持了国家“十二年科学技术发展规划”公路部分的编制工作。在公路桥梁方面，他立足国情，将拱桥、装配化桥梁和预应力混凝土桥梁列为发展对象。亲自安排我院科技人员进行预应力混凝土桥梁的技术准备，在交通部和北京市的支持下，联合交通部公路设计院和第一公路工程局，共同建造了我国第一座预应力混凝土公路桥梁——北京卢沟桥西的永定河桥。

曾威还积极促进开展预应力混凝土 T 形刚构桥的研究，通过一位在河南省主持公路设计工作的学生，在河南省地方铁路上安排五陵卫河桥作为示范工程，由我院周丰高级工程师主持研究和修建，于 1964 年建成了我国第一座预应力混凝土 T 形刚构桥。

但是，从 20 世纪 50 年代以来的 30 多年中，我国公路建设除极少数边防公路外，均未纳入国家计划项目，仅靠养路费收入维持。在单纯计划经济年代，没有计划，就没有国家投资，也就没有与投资挂钩的钢材等三大材料的供应，公路桥梁建设面临严重困难。由曾威开拓的预应力混凝土公路桥梁技术也因此长期得不到推广应用。

穷则思变，曾威把注意力转到不用钢材的石拱桥和少用钢材的少筋结构上。他曾与湖北省交通厅合作，开展小石子混凝土砌片石拱桥的研究，其成果被纳入桥梁设计规范，推动了公路拱桥的发展。

20 世纪 60 年代初，南方有大量石台木面危桥急需改建。其石砌墩台仍可适用于梁式桥梁，而当时仅有的苏联和仿苏联装配式 T 形梁桥标准图，其结构用钢量较大，起吊重量大，很多施工单位不具备起吊运输条件，改建工程难以开展。针对这种情况，曾威创造出装配式少筋微弯板组合梁桥型。他把传统的整片梁分解为主梁和面板，面板采用具有拱壳作用的微弯板，因而钢材较省，还在公路桥梁中首次采用了极限状态设计。通过足尺模型静动载试验和实桥验证，该桥型得到肯定。这种新桥型很快在旧桥改造和新桥建设中得以广泛应用，短短几年时间，就在全国建成十几万米。

▼ 1978 年中国公路学会在无锡成立时在会上作刚架拱桥的学术报告

双曲拱桥是江苏无

锡县桥梁工程队苏松源同志创造的拱桥新桥型，具有节省钢材、便于施工的突出优点。交通部于 1967 年起组织了全国性双曲拱桥调查和研究，指定由交通部科学研究院牵头，笔者任总牵头人。20 世纪 70 年代初，曾威从“五七”干校回京后，怀着满腔热情支持这一新生事物，参与和指导了双曲拱桥的科研工作。他亲自主持了横向分布作用和波形砌体受力特性研究，使双曲拱桥设计计算方法趋于完整。最初试验基地设在无锡桥梁预制场，条件十分艰苦，他带着老伴一住就是好几年，使我和课题组成员深受感动和鼓舞。后来领导决定编写一本公路双曲拱桥设计计算的书，指定交通部科学研究院为编写牵头单位，我任编写组长。曾威投入大量精力从事编写工作，除承担部分章节外，还承担了汇总稿的第一次统稿工作（楼庄鸿同志也作了第二次统稿）。该书对指导公路双曲拱桥设计，提高其安全度起了积极作用。

曾威对晚辈的创新构思，总是给予支持和鼓励。我在研究双曲拱桥过程中，构思着一种整体性和装配化程度更高的拱形结构：悬索桥倒过来是常规的曲线拱桥，斜拉桥倒过来是不是也会是一种合理的拱式体系？这一构思得到曾总的充分肯定与支持，我们与苏松源同志领导的无锡县桥梁工程队合作开展研究，曾总积极指导并参与。通过结构分析和试验，开发出了刚架拱桥新桥型。其桥面结构采用了曾总创造的微弯板，后来又采用了曾总与黄文机同志开发的肋腋板。刚架拱桥很快在全国得到推广应用。

曾总创造或指导研究过的微弯板组合梁桥、双曲拱桥和刚架拱桥，在我国公路领域发展恰逢钢材奇缺的年代，为公路建设作出了巨大贡献。

高瞻远瞩　推动大桥技术腾飞

改革开放之后，曾威四次赴美国、苏联、东欧参加国际会议，他认为中国人所掌握的桥梁建造技术在理论上不比国外差，回国后极力倡导发展长大桥梁，为中国桥梁技术在世界的崛起疾声呼吁。

20 世纪 80 年代，我国公路悬索桥的跨径还未达到 200 米。面对大江大河和海峡需要跨越的状况，悬索桥是提高桥梁跨越能力、突破制约瓶颈的起点，曾威及公路科研所技术骨干力推发展大跨径悬索桥，并开展了前期工作。与广东、四川公路部门合作，组成汕头海湾大桥联合设计组，提出了主跨 400 多米的混凝土加劲梁悬索桥设计方案，此设计创新和技术被顺利采纳。

1991 年，广东省交通厅为促成虎门大桥早日上马，邀请国内知名专家商量办法，各路精英荟萃，曾威和我也应邀参加。曾威就如何争取交通部和国家计委支持提出合理建议，并积极促成。

◀ 1992 年曾威（左二）与作者（右二）赴虎门大桥现场考察

在虎门大桥前期工作中，对于主航道桥型方案，设计单位最初提出主跨 570 米斜拉桥方案，在广东省交通厅主持的会议上，同济大学李国豪校长建议采用主跨比上海杨浦大桥更大（约 620 米）的钢—混凝土组合梁斜拉桥方案（在同类跨径中世界第一），受到厅领导初步肯定。曾威和我主张采用能跨过江的主跨约 900 米的悬索桥方案，这样可省去一个深水塔墩，工期可缩短一年，算总账会更经济，也更利于通航。为便于厅领导决策，中午休会时，曾威和我约赵华明总工到住处商量，建议请设计单位下一步先对悬索桥和斜拉桥方案作同等深度比较后再确定，赵总立即向厅领导反映了此项意见。下午会上，厅领导就作出了进行同等深度技术方案比较的决定。据闻，此后李国豪校长曾去虎门现场视察，很大度地认为还是“跨过江”好。设计单位经过认真比较，最后确定了主跨

888 米的悬索桥方案。

为加快虎门大桥悬索桥设计，曾威积极选派公路所技术骨干，与公路规划设计院组成联合设计组（基础、锚碇和索系统设计以公规院为主，塔和钢箱梁设计以公路所为主）。为加强科学技术对设计施工的指导作用，曾总还利用他在交通部和广东省交通厅的影响，促成了由公路所牵头的部省联合科技攻关项目，在交通部科技司立项，为虎门大桥的顺利建成及其以后成套技术项目获奖打下了坚实基础。

为了对虎门大桥科研工作做好协调，曾总还与省厅领导商量，动员时任交通部科学研究院总工程师的我兼任广东省交通厅虎门大桥高级技术顾问。实践表明，这对于促进科研与工程紧密结合、及时发现和解决工程难题、圆满完成科技攻关起了较好作用，也给我提供了一个深入第一线发挥技术专长的机会。

为促进虎门大桥早日开工，解决好在桥位选择中与文物部门的矛盾，曾

总不顾八十多岁高龄，站在第一线向文物部门同志阐述：凭借国人自己的力量，在虎门炮战现场，在香港回归前建成虎门大桥，更能洗雪国耻弘扬国威的道理。

虎门大桥于 1997 年香港回归前建成通车，此后接连获得交通部科技进步特等奖和詹天佑大奖，还出版了专著。曾总十分高兴，虽然在获奖名单和作者名单中，根本找不到他的名字，但是这方面对他来说一点都不重要，他为虎门大桥的建成以及大跨径桥梁技术的实施而感到高兴，其淡泊名利的情操可见一斑。

▼虎门大桥

大桥建成后，曾威又开始关注虎门大桥的耐久性问题。当他得知广东省有关部门决定拆除桥址处人工沙岛的决定后，十分着急，因为这样会使锚碇受到海水侵蚀，为虎门大桥的耐久性带来不利影响。他立即和我联名给省长写信，建议保留人工沙岛，指出其中的利弊。后来我们的建议果然得到了采纳。

虎门大桥完成后，曾总还担任了江阴长江大桥、润扬长江大桥、琼州海峡大桥等多座长大桥梁的专家和顾问，继续为推动我国长大桥梁发展作出贡献。为了迎接 21 世纪，他还专门撰写了论文——《中国大跨径公路桥梁的技术发展特征及趋势》，强调了进一步研究和发展跨海桥梁技术和编制大跨径桥梁技术规范的重要性。

学风严谨　敢为事业谏直言

曾威一生光明磊落，耿直不阿，是非曲直分得一清二楚，为我国交通建设事业敢于直言，从来不随声附和。

公路桥梁工程质量问题是曾威一直深深关注的。1997 年，交通部侨联召开中秋节座谈会，张春贤代表部党组出席会议。座谈会上气氛热烈，在颂扬和赞美声中，大家听到了曾威冷静的声音。他指出，在公路建设快速发展中，建设队伍技术水平较低，层层转包现象严重，工程监督管理不到位，建议部领导要高度重视工程质量，采取措施，防患未然。张春贤对曾威的建议表示肯定，并及时向部党组转达。随后，张春贤受黄镇东部长和部党组委托，专程到曾总家探望、慰问，进一步征求加强公路质量监督的意见。曾总建议：除下发文件要求加强施工质量外，还应组织工程质量督察组，赴各地监督指导。部领导采纳了他的建议，并予实施。同年年底辽宁某桥梁和云南某路段工程质量问题被曝光；次年朱镕基总理要求在全国范围内整治“豆腐渣工程”。

2003 年春节前夕，张春贤部长再次到曾威家慰问。曾威当时已经是 90 岁的耄耋老人，但他思维仍非常清晰，关心天下大事，始终关注着国内桥梁的发展与现状。他提出，旧桥进入危险期，全国有大批危桥存在，建议及时加固处理，严防坍桥事故。张部长肯定了他的建议，责成相关部门加强桥梁检测与加固工作，成立旧桥技术研究中心，在全国开展危桥监测与修复。

曾总一生磊落，实事求是，低调做人。他认为一个人的精力和时间是有限的，个人在科学技术上的创建也是有限度的，况且不能离开集体。因此，他提倡学风严谨，科研成果必须扎扎实实，科研贡献必须实事求是，提倡严谨学风，反对抄袭。曾总一生著作不多，每篇论著均有深厚的基础，是科学论证和无数试验的结晶。2001 年 8 月，中央提倡端正学风，张春贤副部长专程到曾总家，转达黄镇东部长的意见：在交通系统中，应该树立曾总为榜样，反对浮躁，提倡务实，在科学技术界倡导正确学风，教育后代，传承优良作风。

▼ 原交通部张春贤副部长（左一）到曾威（左二）家拜访

◎ 赤子之心　报国矢志不渝

1947 年曾威在台湾工作，1949 年新中国成立之后，曾威兴奋不已，决定经由香港投奔新中国参与建设。为了等开往大陆的轮船，他与妻子高启秀在香港足足等待了三个月，历尽艰辛，痴心不改，终于如愿。

新中国成立初期，他先后参加了沈阳浑河和太子河大桥设计，支持公路及桥梁的恢复建设，主持了沈大、盖庄、沈安三条公路的建设。在沈大线上修建自行设计的双军桥，在吉林松花江桥采用射水沉桩作业，并率先采用国产沥青、煤沥青和油母页岩修筑路面，深受交通部和苏联专家好评。1955年在修复南昌八一大桥中，他提出采用钢筋混凝土板—钢桁架结合梁及预制浮运沉井方案（当时属最新技术）。他还亲至青藏高原进行青藏公路初勘，风餐露宿，艰难地走了一个多月，完成了任务。

1957年，曾威被错划为右派，下放到西北戈壁滩劳动。干旱贫瘠的土地，艰苦的劳动条件，在空气稀薄的高原荒漠上，每天嚼一把高压锅煮不熟的东北豌豆，加上腹泻、痢疾等疾病的困扰，以羸弱之躯，在以杖扶病的情况下，曾威发现公路线路及设计方案不甚合理后，亲自穿山越岭，徒步勘察……他虽身处逆境，却痴心科研，结合当地经济贫穷和筑路材料困乏的状况，对红冷公路的建设方案提出了合理化建议。他的建议马上被采纳，为国家节省了巨额投资，体现对祖国母亲的赤诚。后来他又回到了交通部公路科学研究所，虽然背着沉重的政治包袱，却一直默默地在科技岗位上做着贡献。

1979年曾威申请赴美，探望他在美国的弟妹。他走后，有人说他不一定回来了。我说他一定会回来的，因为我了解他的人品，在风雨如晦的岁月里，他对祖国的热忱始终坚定不移，更何况改革开放的号角已经吹响，我们已经迎来了科学的春天。事实如我所料，他不仅如期返回，而且在美国自费考察了很多对

▶ 20 世纪 80 年代曾威（右二）参加对外交流

口科技单位，收获颇丰。回国时他没有带当时国内稀缺紧俏的家用电器等物资，却带回了好几箱沉甸甸的科技资料，全部送给研究室，供大家查阅借鉴。

20 世纪 80 年代中期曾威再次赴美探亲。时任公路科研所所长的我，正在下大力规划筹建世界级规模的公路试验研究基地。当时我们对英国和日本的大型试验环道的情况掌握较多，对美国情况却了解较少，故托曾总帮助打听些情况。于是他自费专程赴美国最大的试验环道现场做考察，并带回了珍贵资料。后来公路所建成了规模宏大的公路（包括桥梁）试验基地，这其中有着曾威的巨大贡献。

1984 年我与曾威、楼庄鸿应邀赴布拉迪斯拉发出席国际材料和结构研究所协会举办的混凝土结构国际会议。开幕式上我们突然发现会场内没有中国国旗，立即退到会场外，找到主办人。曾威用流利的英语十分严肃地和对方进行交涉，结果对方做了道歉，最终使五星红旗飘扬在大会会场。

尽管在反右和文化大革命中受到过冲击，但曾威始终坚信共产党的领导，并于 1986 年以 74 岁的高龄光荣地加入了中国共产党。

◎ 厚德载物　但留光彩照人间

曾总高度关注对青年科技人才的培养。他早年在北洋大学、中央大学和复旦大学等名校任教授，积累了丰富的教学经验。我走上公路所领导岗位后，他积极推动和支持研究所成为国家批准的硕士研究生培养点，不辞辛劳地担任导师，培养了一批优秀专业人才。他不仅是善于发现人才的伯乐，而且举贤荐能甘做幕后英雄，把机会让给更多的年轻人。

曾威心态平和，做人大气，尤其视钱财为身外之物。在 20 世纪 50 年代初任东北人民政府公路局特级专家时，他的工资很高，和毛主席一样，都是 500 元。曾威主动降薪，把自己的工资降到 300 元。正直清廉的他还给家人亲属提出严格规定，不许打着他的旗号办事，不许用他的公车等等，他的这些教育对后辈的影响都是巨大的。

曾威一直工作到 87 岁才退休，晚年生活起居极有规律，每日准时起床，衣着整洁，容光焕发，气度儒雅。曾经有人这样总结曾威：在60年代是女青年择偶样板，在80年代是科技样板，在90年代是反浮躁样板，在新世纪是健康样板。

▲2002年公路所贺曾威（左二）九十华诞

2007年1月，曾威因病去世，享年94岁。观其一生，一腔热忱，扎扎实实为国家做了许多事情，可以说为事业和理想而奋斗终生。观其人品，明德惟馨，和善宽厚，淡泊名利，厚德载物。无论是他求真务实的学术态度、高风亮节的品质，还是不计名利、踏实奉献的事业精神，都值得我们去怀念，去追随。

为祖国汽车事业奋斗一生

——回忆我的父亲、老一代汽车专家何乃民

何 轮

每当看到奔驰的汽车，听到它的喇叭声，我就不由得想起为我国汽车事业贡献了毕生精力的父亲，我国老一代汽车专家何乃民。父亲在病中受林彪、“四人帮”极左路线迫害，于 1966 年 8 月 23 日含冤逝世，终年六十四岁。

林彪、“四人帮”强加给父亲的“罪名”是“资产阶级反动学术权威”。这使我回想起 1962 年，父

亲参加广州会议后，回到北京的情景。他在屋里来回走着，激动地向我们说："周总理和陈毅副总理代表党给我们脱帽加冕了，我不再是资产阶级知识分子，而是劳动人民知识分子！"那喜悦之情真是难以言状。父亲是一个爱国的知识分子。他能够建立起无产阶级的思想感情，是经历了漫长的过程的。

▶何乃民

父亲是浙江省义乌县人。1921—1928年，他旅法勤工俭学，在巴黎、里昂等地学习汽车专业，毕业于里昂中央工业学院。他旅居异邦，时刻不忘灾难深重的中华民族，向往着一个独立富强的工业化祖国。当他学成归国时，全国只有寥寥无几的进口汽车，根本没有什么汽车工业。父亲在艰难摸索中开拓了我国汽车事业的道路。他在1936年出版的《高等汽车学》序言中写道："……有汽车行驶矣，但均外洋，则国家财富外漏，亦非所以谋交通根本解决之道。所以欲利民行，必须设法自己设厂制造汽车。"他呼吁："精诚所至，金石为开，是有望乎我们汽车界诸同志之共同努力研究。"性格倔强的父亲，认准了方向，便百折不挠。他从事着我国汽车事业的初创工作，埋头教学、潜心写书，在国内推广汽车技术，培养汽车科技人才。在他的心血浇灌下，学生已遍布全国。

但是在当时的中国，父亲“工业救国”的理想是实现不了的。他开始追求新的道路。他亲眼看到当时苏联汽车工业有了很大的发展，向往社会主义国家。刚解放时，一直排斥华人的外商公司，曾以高额工资聘请父亲担任总工程师，父亲毅然拒绝了。他说：“我留学时没有留在外国，抗战八年为了不当亡国奴而奔波流离，走了大半个祖国，现在解放了，要独立自主搞汽车了，我怎能去给外国人工作！？”也就在这个时候，父亲受陈毅同志之召，离开繁华的上海，去南京华东军区军事科学研究室工作，后又到哈尔滨军事工程学院任教。父亲以能为我国军工科研和教学贡献力量而自豪。调到交通部交通科学研究院工作以来，他和同志们一道，填补了我国汽车运输科学研究的空白，并筹建了我国第一座汽车科学运用实验室。父亲对我国汽车设计制造和汽车运输事业提出了许多有创见性的建议，对制定我国汽车交通的科学规划作出了积极的贡献。

当第一辆解放牌汽车诞生时，父亲长吁了一口气说：“终于盼到这一天啦！”泪水温润了他的眼睛，这是欢乐和辛酸的泪水啊！每届清华大学、吉林工业大学等汽车专业的毕业生答辩邀请他，不管多忙，或是身体不适，他总是欣然前往，每次回来都兴奋地说：“中国汽车事业的大发展一定会在新一代人的手里实现！”父亲曾在怀仁堂受到毛主席的亲切接见，他和毛主席紧紧地握了手，那天回到家里，他的心情久久不能平静，反复对母亲说："往后我更要拼命干啊！"

长年艰辛的脑力劳动损害了父亲的健康。由于经常一吃完饭就伏案写书，他得了严重的十二指肠溃疡，多次并发出血。但是他仍然遵照毛主席关于调查研究的教导，冒着大出血的危险，一直坚持和青年人到各地进行调查，研究在祖国辽阔的土地上，不同海拔、气候等条件下国产汽车的合理设计、使用、保养、拖挂等课题。父亲在沿途寄回的家信中抒发了他对社会主义建设迅速发展的喜悦。为了研究山区行车，他登上了川贵高原；为了研究热带行车，他来到炎热的南域——广东一带；为了研究沙漠行车，他远走天山南北。到了晚年，他总是说："就剩下西藏拉萨没去了，空气稀薄的高原行车有它的特点，以后一定要去一趟。"但这已是他终生的憾事了。

一想到父亲呕心沥血撰写著作的日日夜夜，我的面前就会浮现他视为珍宝的那只木制书箱，以及北京图书馆收藏的他所著的十七册汽车学书籍。那只书箱中，珍藏着他的手稿、资料、笔记，在抄家的浩劫中全都被抄走，至今没有下落。父亲关于汽车的著作量多、面广。如大学丛书《高等汽车学》《汽车设计》出版后分别增订了第八版和第四版，《高等汽车学》在 1977 年还出了台湾版。《汽车修理学》也是深受读者欢迎的书，曾出过十八版修订本。父亲过去常深人到驾驶人中去，他的《汽车驾驶人须知》一书曾修订九版。《现代汽车业概况》介绍了父亲去法国、英国、德国、苏联、美国两年考察汽车制造工业及交通运输状况的见闻。父亲很早就重视企业的科学管理，《汽车机务管理》是国内第一本讲有关汽车交通技术行事管理的书。鉴于国内没有一本中外对照的汽车名词，他从 1936—1947 年，用了整整十年时间收集整理出版了《(英法中文)汽车名词》。解放后父亲刻苦自学俄文，他不仅能读懂俄文专业书，还编纂了我国第一部《俄汉英汽车词汇》。

每当夜幕降临，繁星满天，下班后的父亲又开始上他的“写书班”了。书写得越多，修改的任务就越繁重。他常说：书不经修改就重印，对不起国家，对不起学生、读者。每当收到新出版的样书时，他又开始在新书上密密麻麻地不断修改充实；他总是不断提出新问题，把研究心得写成书。从父亲青年时代在 1930 年公开出版第一本书《汽车学纲要》起，他完成了数百万字的汽车科技著作。

父亲的工作作风实事求是，认真负责，厌恶空谈，他看不惯极左的那一套。他刚直不阿，敢于提意见，对于不符合科学的东西，从不随声附和，人云亦云，更不慑于权势违心地阿谀奉承。他说：“搞科学技术也要有宁为玉碎不为瓦全的精神，可杀不可辱，要有宁死不屈的气节和铮铮硬骨。”这些话，至今仍经常回响在我的耳边。

父亲对汽车的合理拖挂很重视，亲自调查，进行研究，但是他反对 1958 年有些人搞不科学的“汽车列车化”“百顿列车”等不顾汽车性能、不同道路情况，大量竞相拖挂、超负荷运载的做法。当时有的人热情过头，有的人明知不对也不敢说，父亲却敢冒着“不支持新生事物”“右倾保守”的危险，一人挺身而出，提出自己的不同意见。他反复计算给大家看，证明这是违背科学的浮夸，会使国家得不偿失。他虽因此挨批，却不顾个人毁誉，坚持己见。他说：“我们是懂汽车的人，是内行，不能像外行一样，人云亦云，我们要动脑筋算一算，是否符合科学，我们要说真话！”一次大家去参观拖挂，一辆四吨的解放牌汽车拖十五辆挂车费劲地向前爬。父亲说：“汽车发动机嗡嗡地响，那是它拖不动，它在发抖，我心疼！我们是学汽车的，怎么能对汽车不爱，不怜惜，眼巴巴看着把汽车拖坏呢？我们要像爱护自己子女一样爱护汽车。”实践证明，父亲是对的。父亲对挂车型谱、结构、重量、安

▲1958 年 9~12 月，汽车室在四川平原和微山区进行汽车拖挂试验（立者右三为何乃民副主任，右二为四川交通厅范世骧，右一为温品文，另有谢怀暄）

全，以及牵引车等的科研成果，对我国汽车拖挂运输作了积极的贡献。可是令人不能容忍的是，在文化大革命中，他竟因此被戴上高帽，挂上黑牌，站在汽车挂车上受批斗。

父亲认真研究了各国汽车工业，一直在探索我国自己发展汽车工业的道路。他提出应加速建立汽车工业体系，把增加汽车数量作为重点列入今后国民经济计划。他主张汽车工业要专业化生产，建立各种型号汽车的成批生产基地，建立汽车的电气设备、供油系统、保修机具等生产企业。父亲早在二十世纪五六十年代，就多次呼吁引进国外汽车厂的先进技术，修建高速公路，建立汽车试验场等。父亲还呼吁，要加快培养汽车设计、制造和汽车运输的科技人才。他迫切期望青年人迅速成长，他经常对交通科学研究院汽车运输研究室的青年讲：“不要妄自菲薄，不要看不起自己，要有雄心壮志，要看得远一些，要敢想敢干，做祖国汽车运输科学研究界的专家权威，为祖国多作贡献，历史要记上一笔的！”

▲ 1960 年 3 月，汽车室与吉林工业大学应届毕业生在门头沟城子——潭柘寺山区公路进行拖挂试验，副所长王能何，副主任何乃民到现场观察慰问［前排右三王能何，右二何乃民，后排中间戴帽者课题组长温品文，前排左二闻振纲（学生），左三司机傅德胜，另有老师洪宗林］

原载于 1979 年 12 月 19 日《光明日报》

车辆购置附加费政策出台始末

——纪念恩师朱学文研究员

张元方 ■ 原公路所副所长、国务院参事

1985 年 5 月 1 日是公路交通发展史上一个具有重大意义的日子。公路交通事业从此刻起改变了传统的、以省为主的、单一的养路费资金渠道，建立了以车辆购置附加费形式创建的、长期稳定的、国家的公路建设基金。三十年来该项基金从 1985 年的 17 亿元，增长到 2014 年的 2900 亿元，为我国公路建设累计提供了近两万亿元的建设资金支持，使我国的高速公路里程从零跃居为世界第一位。公路网总里程位居世界前列，车辆购置附加费发挥了举足轻重的作用。

十一届三中全会以后，我国的经济蓄势待发，但受文化大革命影响，经济又处于濒临崩溃的状况，交通运输作为经济发展的先行官也面临着同样尴尬的局面，公路交通更是客行路难、货运不畅，建设成为了当务之急，资金成了制约因素。传统的、单一的、用于养护的养路费资金渠道已远远不能满足经济发展的需求和公路建设的需要，必须开辟新的资金渠道。此时，在朱学文研究员的提议下，经交通部批准立项，由公路所主持，公规院、情报所参加，于 1984 年 1 月针对我国公路建设规模与资金筹措问题开展研究。当时的分工为公路所负责扩大资金来源问题研究，公规院、公路所共同探索合理的建设规模，情报所收集整理国外的相关资料。该项目研究的主要内容涵盖运量、交通量预测，合理建设规模与所需建设资金的测算，国外的筹资途径与成功经验，公路使用者付费与汽柴油税、车辆购置附加费设置的原则，国家公路建设基金的征收与管理方法。1984 年 7 月提交了成果报告，9 月根据交通部公路局的建议，课题组编制完成了《国家公路建设基金建议方案（初稿）》，参加了交通部给国务院的《关于加快公路建设问题汇报提纲》起草工作，经交通部最终修订后报送国务院。1984 年 12 月 25 日国务院第 54 次常务会上决定征收车辆购置附加费，作为公路建设专项资金来源。在此基础上，公路所起草了“车辆购置附加费征收办法”，经修改、批准后，于 1985 年 4 月由国务院颁布，1985 年 5 月 1 日国家正式开征车辆购置附加费，创立了国家公路交通长期稳定的建设基金渠道。

▶青年时代的朱学文

朱学文研究员是一位和蔼可亲的学者，也是我的恩师。他生于 1924 年，毕业于清华大学，曾主持青藏公路路基路面修筑技术项目，在 20 世纪 70 年代中后期带领课题组多年、多次进驻青藏高原高海拔冻土地区开展研究工作，为在高原冻土地区修筑沥青路面公路立下了汗马功劳，该项目荣获国家科技进步一等奖。他眼界宽阔，站在事业发展的高度延伸工程技术、合成工程运输经济，在他的建议下，经交通部的批准，在公路所成立了宏观经济组，抓住敏感问题开展研究，为决策提供依据，他所主持的“路面发展与材料”技术政策研究和“公路建设规模与资金问题”研究，均在我国的公路建设中发挥了重要的作用；他学识渊博而不高傲，学风严谨而不枯燥，要求严格而不失和蔼，率先垂范且爱护青年，是一位学术上的权威，专业上的导师，生活中的长辈。遗憾的是，因其常年的高原生活，埋下心脏的疾病隐患，1986年4月在率课题组赴哈尔滨讲课与调研中因心脏病发作，永远地离开了我们，公路所失去了一位领军人物，我失去了一位可敬的师长。但朱学文研究员留给我们的精神财富仍在公路所（院）传承，他的音容笑貌和高贵品德永远铭刻在我的心中。

▼朱学文生活照

蔡国宏：始终把这里当作我的家

程炳莉 ■ 公路院桥梁中心

虽然离开老家四川成都之后到北方工作已经很多年了，但蔡国宏说话时还是有那么一丝乡音。有人说，在外漂泊而乡音不改的人并非是改不了，而是不愿忘本，他们常常是念旧重情之人——这句话用在蔡国宏身上恰如其分。

入行五十多年以来，不管走得多远，不管获得多少荣耀，不管身居何位，对蔡国宏来说，公路所和桥梁中心就是他心里最深沉的牵挂，是他念念不忘的另一个家。

◎ 逆境时代 创造的脚步不能停

蔡国宏上中学的时候，正逢新中国国民经济恢复时期结束，第一个五年计划开始。因为国家大兴土木，那时街上时常看到很多修建大坝的宣传画，这些在别人看来花花绿绿的画却让蔡国宏觉得很特别，“画里的那种场景相当震撼，看得人热血沸腾的。”蔡国宏带着这种投身祖国建设的强烈愿望，考入了成都工学院（现为四川大学）公路桥梁与隧道专业。

1959 年毕业后他被分配到了首都北京的交通部公路科学研究所，从事桥梁研究工作。

当时中国的交通状况十分落后，急需建设。国家对铁道、港口和机场进行投资，而公路建设（除少数边防公路外）却没有投资，仅靠收取少数车辆养路费来维持。在那个计划经济的时代，生活靠票，建设也不例外。没有投资，就没有钢材指标。所以就算捧着钱，也买不到建桥所需要的钢材。

没有钢材，公路桥梁还是得建，所以拱桥——这种不用或少用钢材的结构成为主要选择。但建造圬工拱桥需耗用大量木材，一座跨径 60 米的石拱桥，所用木材高达三千多立方米。桥涵研究室将拱桥列为重点研究领域之一。老专家程绍麟为首的课题组研究了减少拱架用量的混凝土预制块拱桥横向悬砌工艺，取得成功。考虑到横向悬砌工艺仍需架设部分拱架，耗用木材，蔡国宏提出了一个大胆设想和建议：研究完全不用拱架的预制混凝土构件纵向悬拼工艺修建拱桥。院室领导采纳了此项建议，通过长期深入工地开展试验研究，仅用三年左右时间，在北京郊区和广东，都采用纵向悬拼工艺建成了完全不用拱架和钢筋的混凝土拱桥示范工程，实现了拱桥工艺的根本性变革。此项技术为我国大跨径混凝土拱桥无支架施工工艺的发展打下了坚实基础，开了先河。

六七十年代，蔡国宏在参加拱桥计算理论和方法研究中也有不少创新。在实腹式圆拱计算方法研究中，他通过精密的数值计算和分析，发现当时全国普遍使用的《拱桥设计计算手册》中，采用抛物线荷载代替圆弧形荷载，造成了极为严重的内力计算偏差，提出了精确计算方法。他还发现当时国内大量沿用的外国拱桥计算专著对弹性压缩的计算是错误的，作出了精确推导，以此为基础否定了该书不宜用影响线作恒载内力计算的结论，提出了一整套高精度的无铰拱内力和挠度影响线计算方法。蔡国宏还指出：传统的空腹式悬链线拱桥内力计算不考虑压力线偏离拱轴线影响也会导致严重偏差，并提出精确的计算方法。

在有限元计算尚未应用之前，上述计算方法解决了拱桥内力和挠度的精确计算问题。蔡国宏还揭示了活载作用下空腹拱式拱上结构与主拱圈联合作用的机理，通过模型和实桥试验予以证实，提出了符合桥梁实际的考虑联合作用的计算方法。

由于在科研工作中作出一定成绩，蔡国宏于 1965 年被交通部评为全国交通系统先进人物。他继续深入桥梁工地，从事他热爱的科研工作。

“文化大革命”期间，马奔院长被造反派打成“走资派”关进“牛棚”，蔡国宏也被批为“走资派的红人”，身处逆境。全院科研处于停顿状态，但上天给了蔡国宏一个特别的机会，使他能够继续从事桥梁科研工作。双曲拱桥是江苏无锡县交通局职工苏松源于 1964 年在农桥上创造的桥型，由于具有构件轻巧、节省钢材、便于施工等优点，正在各地公路桥上逐步应用（蔡国宏等也于 1965 年在北京郊区设计建造了一座不用钢筋的双曲拱公路桥），但却没有合理的设计计算方法，以致不少桥梁出现严重开裂病害，甚至坍塌事故。中国人民解放军交通部军事管制委员会（以下简称“军管会”）生产指挥部决定组织双曲拱桥现场调查和必要的科学研究，并点名蔡国宏牵头负责此事。通过初步调查，蔡国宏草拟了双曲拱桥主要裂缝成因及防止措施、双曲拱桥设计计算方法等科研计划，经部军管会生产指挥部同意后组织实施。他带领由十多个单位二十余名技术人员组成的小组，进行双曲拱桥技术状况现场调查。

当时全国处于一片混乱状态，调查研究所处环境恶劣，蔡国宏仍发动组内技术人员针对现场发现的问题作出分析，提出解决办法，撰写科技论文，并刊登在自办的《双曲拱桥经验交流》刊物上。该刊共出版了6期。最后编写了《双曲拱桥开裂原因及防止措施》技术总结报告（相当于正常时期的研究报告）。上述刊物和报告均直接邮寄至全国地级以上公路部门，对提高双曲拱桥工程质量起到技术指导作用。

在此之后，蔡国宏主持了公路双曲拱桥设计计算方法研究和双曲拱桥连拱防止整体坍垮研究。

此项研究以江苏无锡县桥梁工程队预制场为科研基地，开展结构模型和实桥试验。他和课题组同志长期住在工棚里，冬天寒风刺骨，无取暖设备，夏夜炎热难眠，连个电风扇都没有。为了确保试验仪器的稳定性，他们选择夜间做试验。就这样，在十分简陋的工棚里取得了丰富、可靠的科学试验数据，通过计算分析，取得了设计计算方法方面的丰硕成果。他们还探索出两种防止连拱一孔破坏后邻孔不坍的科技方案，经实桥爆炸试验，均取得成功，符合战备要求。

蔡国宏还提出了刚架拱桥新桥型构思并主持研

究，取得成功并推广应用。他还领导并参与了我国第一座公路预应力混凝土连续梁（带悬臂托架）顶推工艺研究，在驻东莞工地期间适逢 1976 年唐山大地震，北京受到严重波及，人们只得在外露宿。为确保研究任务，蔡国宏和课题组同志都未返回北京与家人一道挖抗震棚和照顾孩子。

蔡国宏继 1965 年之后，于 1978 年再次被评为全国交通系统先进科技工作者。他所主持或参与的多项课题，获得了全国科技大会奖。此后由他主持的双曲拱桥推广项目获得国家重大科技成果二等奖。由他担任编写组长编写的《双曲拱桥上部构造设计计算》书籍，获得全国优秀科技图书奖。若干年后又获得了国家级有突出贡献中青年专家称号及国务院有突出贡献专家政府特殊津贴。

乘着全国科技大会的春风，蔡国宏满怀热情投入他所热爱的桥梁科研工作。1979 年所领导安排他赴东欧出席国际铁路合作组织（简称“铁组”）桥梁专家会议。第一次走出国门，让蔡国宏大开眼界。一个国土面积不大的保加利亚，已有建设一千公里高速公路的计划，并开始建设。他亲身体会到中国公路事业与国外的差距，也深感中国公路事业发展空间巨大。

在会上，他勇于承担了“大跨径混凝土桥梁试验方法”的国际合作项目。会议主席和另一位东道主保

1984 年蔡国宏（右二）参加在匈牙利、捷克斯洛伐克召开的国际会议

加利亚专家都说，你们选了一个非常好的课题。经与课题组同志共同努力，用了不到三年时间完成任务，提交文件，受到国际“铁组”专家会议好评，并认定其可推广应用。该文件也被交通部批准为规范性文件，在国内应用长达三十年之久。

国际“铁组”专家委员会主席也是由东西方结构专家组成的国际材料和试验研究所协会（RLLEM）混凝土结构技术委员会主席，由他推荐蔡国宏成为该技术委员会委员，并参加了“混凝土结构长期观测”和“混凝土结构损害分级”两项国际合作科研项目，所提报告均受到该技术委员会肯定并编入其总报告中。

通过国际合作交流活动，蔡国宏对国际先进水平有了更多的了解，决心为缩短与国外先进水平的差距贡献力量。

1983 年 2 月，交通部任命蔡国宏为公路所所长，此时公路所大院的大部分仍由部外单位占用，上届领导班子经过努力建设的一座大楼仍在施工中，所机关及部分研究室仍挤在铁道科研院内，处于寄人篱下状态。蔡国宏提出，“我们必须搬回自己的地方去！”在党委书记唐中一支持下，蔡国宏毅然带着所里的领导班子搬了回来，在临时搭建的工棚中办公。“这是我们的家，我们要千方百计把这个基地搞好，要创造条件把占用单位请走，更要把科研尽快恢复和发展起来！”蔡国宏深知，“搬回来”不仅仅是办公场地的转换，更是表现一种发展的决心和信心。只有把基础建设搞好了，让职工们都有了归属感，才能稳定人心，从而提升战斗力。

面对改革开放的新形势，蔡国宏在工棚办公室里通过思考，把建设一流的公路研究所作为奋斗目标。“千里之行，始于足下”，蔡所长逐步办了许多实事。

▼蔡国宏所长（中）在安全工作会议上讲话，左一为张化军副处长

想要突围　人才是首要条件

对此，他做了几件事情——首先是校招。此前，所有公路所的科研人员都是从交通部分配而来，给什么样的人就用什么样的人，是否适合搞科研却成了

未知数。所以，蔡国宏和同事们主动出击，提前深入相关高校去选拔优秀人才。其次是研究生的招录。要知道，在公路所这一举动之前，北京五个研究所都没有获取招收研究生资格，而蔡国宏觉得“高素质人才储备是影响长远的事情，必须要做在前面”。通过极力争取，很快办成。第三是努力创造条件，组织科技人员出国考察、培训和参加国际学术会议，开展外语培训，提高科技人员国际交流水平。邀请国外高水平专家来所交流。第四是把争取建造职工宿舍作为所的重要任务，组织专门班子办成此事，以稳定科技队伍。第五是创办高水平的科技期刊，为科技人员提供交流平台。

“那时候，像公路所这么大的研究所，竟然没有一本学术刊物。”蔡国宏对比了很多国内外的先进科研院所，发现自己在科研成果宣传推广、科研信息交流上的不足，并雷厉风行地牵头搞起了一本叫《公路交通科技》的学术刊物。如今，该刊物已经入列国家中央一级学术性期刊的方阵，是整个交通行业中最核心的学术类期刊之一。与此同时，还出版了公路所的英文版论文集，与国外同行作交流并借此与国外一些科技单位建立专门信息交流渠道。此后不久，他又积极和中国公路学会合办了一个一级学报《中国公路学报》。

通过抓紧建成已开工的办公试验楼，初步改变了工作条件。对于占用大院的单位，由于双方的上级单位分属交通部和铁道部，涉及历史留下的产权归属问题，交涉起来十分困难。在上级部门的大力支持下，在公路所一名老职工李海渊（时任部计算所所长）的帮助下，为占用单位找到另一处完整的大院，他们颇为满意，由交通部出钱买下来，请他们搬了进去。至此研究所的工作场地才得以恢复。

蔡国宏把引进设备作为所的重大任务之一，积极努力从国家计委和交通部取得外汇，短短几年时间，引进了一大批国外先进设备，使公路所的固定资产增加数十倍。

强软科学　长远眼光才能做大事

早在 20 世纪 70 年代，为了在中国发展高速公路和高等级公路，蔡国宏的前任领导前瞻性地创建了交通工程研究室，之后又开展了有关高速公路的技术政策研究。但直到蔡国宏接任所长的 1983 年初，全国还没有修建一公里高速公路。国家主管部门不仅没有在中国建设和发展高速公路的考虑，国家科学技术委员会技术政策局还用正式文件把高速公路和高能耗建筑等一起列为不适合中国国情的项目。那时的交通体系，一直以铁路为主体。

1983 年国家计委、经委和科委联合在华侨饭店召开我国交通发展问题会议，会上就继续实行以铁路为主的交通体系还是实行综合运输体系，要不要发展高速公路等问题，展开争论。蔡国宏代表公路所出席了会议。早前公路所的张祖荫研究员所主持的高速公路必然性研究已取得成果，其结论是高速公路是国民经济发展的必然产物，只要公路交通量达到每日一万辆以上，就应当修建高速公路。蔡国宏推荐张祖荫在大会做了发言，并散发研究报告。前任所领导刘以成等也做了必须发展高速公路的发言。公路所的此项研究成果，无疑为国家调整交通发展技术政策提供了依据。这次会议上综合运输体系的意见占了上风。此后高速公路的发展有了一些空间。1988 年沪嘉高速公路建成，实现了高速公路零的突破。随着国民经济的快速发展，到 2014 年年底，中国大陆建成高速公路 11.2 万公里，继续保持世界领先地位。2015 年将达到 12.3 万公里。蔡国宏提到这些，颇感欣慰。

在那时，公路建设和养护的资金还是为数不多的养路费。没有足够的资金来源，谈何修建高速公路，连发展普通的公路都十分困难。公路所朱学文专家主持的公路资金来源课题，吸取国外经验，根据中国国情，提出了收取车辆购置费等措施，也已取得成果。为了推动公路事业发展，蔡国宏设法将此成果通过部公路局杨盛福局长提交给部领导，钱永昌部长十分重视，利用一个星期日，在他的办公室会见了蔡国宏和朱学文，听取汇报。钱部长对车购费措施予以充分肯定，并向中央做了报告，得到批准，定为国策，予以实施。从此我国公路有了新的资金来源，得到较快发展。至今蔡国宏十分怀念朱学文，说他不仅肩负重任主持青藏公路高原多年冻土地区修筑沥青路面课题，长期在海拔四五千米的高原坚持科学试验和指导筑路，取得了国家科技进步一等奖，还为解决公路建设资金来源作出卓越贡献，真是功不可没。他虽已离我们而去，他的精神和业绩，却不应被忘记。

▼蔡国宏（左一）在桥梁施工现场

◎ 大胆设想　攻克难关　为公路所争得大型试验场项目

直至 1990 年调往交通科学研究院，蔡国宏在公路所工作了整整 31 年。31 年里，他觉得在自己为公路所做的事情中，最有成绩、最具挑战、也最有影响力的事情，也许莫过于全国最大的公路交通综合试验场的实现。

通过改革开放初期的对外交流，蔡国宏了解到英国运输和道路研究所（TRRL）与日本土木工程研究所都有大型试验场（占地约 2000 亩，1 亩 =666.6 平方米），在公路事业中发挥重大作用。当时还坐在工棚里办公的蔡国宏，经过深思熟虑，提出了建设拥有先进设备的大型公路交通综合试验场的近期奋斗目标。他深知此项任务的艰巨性，公路所在文化大革命期间遭受重创，要使之恢复元气，继续发展，已经十分艰难，建试验场并非上级要求，是自己找的事，必然会加重所的负担。但出于对公路所的热爱和对公路科技事业的执着，他决心要做。尽管有的老领导出于好心，说这件事不现实，难办成，也有主管部门个别领导成员持否定态度，但他提出的此项目标，首先在所内受到党委书记和其他所领导的赞同。通过组织得力的筹划班子，委托新任副所长毛文碧分管试验场项目，委托新任副所长林河鸿和赵凤娟作技术把关，通过向交通部主管领导和主管司局领导汇报，受到肯定和支持，使大家深受鼓舞。随即组织了国外试验场考察，取得宝贵资料。通过向交通部、北京市政府和国家计委主管部门汇报和沟通，在北京郊区选址，编写高水平的立项报告，历尽千辛万苦，克服立项难（需经国家计委报国务院批准）、征地难（项目用地 3650 亩，在京征地 1000 亩上需报国务院批准）、资金难（仅凭科技口的科研基建费只是杯水车薪）等重重难关，最终经国务院批准立项。随即成立筹建机构，通过设计、征地和施工，仅耗资 2 亿多元，用 5 年时间建成。它不仅可作车辆试验，还是道路、桥梁和交通工程专业的大型试验场地。

曾经有人提出疑问，这么庞大的工程，以后的养护费用会给所里造成沉重负担。但营运后的实践证明，不仅养护费能自足，每年还为所里创造了可观的经济和社会效益。

蔡国宏再次强调，在所内，时任副所长的毛文碧（后调任交科院院长）为试验场立项等呕心沥血，不辞劳苦，凭着聪明才智，作出卓越贡献。交通部领导、部科技司司长和部门公路司司长为项目得到交通部、北京市政府、国家计委和国务院批准起了关键作用。所内试验场立项班子和项目建设班子辛勤劳动，终于开花结果。曾威前辈（1956 年建立公路科学研究院筹备处时的领导）受蔡国宏委托，在赴美探亲期间自费考察美国大型试验场，带回珍贵资料……他们为公路所办成这件实事出了大力，人们不应忘记。

回顾在公路所的三十多年，蔡国宏颇带感情地说，是公路所培养和锻炼了他，他始终把公路所当成自己的家，自己为家里做了一些事，应该，也值得。

科技之光照天路
——让青藏公路早日实现路面黑色化桥梁永久化

刘布阳 ■ 中国交通报记者

20世纪70年代初，中央决定改建青藏公路，使“路面黑色化，桥梁永久化”，交通部组建了由原部公路所（部公路院前身）专家朱学文带队的首期青藏公路多年冻土科研组，奔赴海拔4500米以上的青藏高原，驻扎在气候恶劣的五道梁开展“青藏公路多年冻土地区黑色路面修筑关键技术研究”，孙昭璜、陈国靖、曾沛霖、楼汉铮、邢惠臣等老一辈科研工作者将科研大旗扎在这里，一干就是5年，相关成果两次获得国家科技进步一等奖，有力地支撑了青藏公路、川藏公路、青藏铁路等高原重大交通工程的建设、养护。

▼ 青藏铁路标志性工程之一——拉萨河特大桥

◎ 朱学文：公路冻土研究奠基人

“说起青藏高原冻土研究，一定要说一说朱学文，因为他是交通行业冻土科研的奠基人。”原部公路所老所长陈国靖反复强调，朱学文是交通部派出的首批青藏公路多年冻土科研组组长，当时他已年过半百，是公路所学术秘书室主任。如今他已故去28年了。

1973年，来自北京、西安、兰州、重庆、拉萨、西宁等地的一批中青年交通科技骨干汇集到青海格尔木。当时，这批技术干部几乎无人知晓何为“多年冻土”，出发前，大家通过查阅词典和文献资料做了初步的技术准备，在格尔木略作修整后，他们来到五道梁这片人迹罕至的地方驻扎下来。

五道梁素有青藏高原“鬼门关”之称，这里海拔4700多米，气候恶劣，人称“天上无飞鸟，风吹石头跑，四季穿棉袄，氧气吃不饱”。来前，大家听闻“上了五道梁，难见爹和娘”，果然，到了这里，朱学文和同事们便头痛气喘、浮肿无力、吃不下饭、睡不着觉。

五道梁虽然地处青藏公路全线生存条件最恶劣的地区，但因为这里的冻土发育最为典型，因此是冻土研究最理想的地点。多年冻土冬季冻胀、夏季融化，地基承载能力极低，加上日照长，紫外线强，在这种地质、气候条件下修筑沥青路面，国内外没有任何先例。

朱学文当时已经50多岁，身体本来就不太好，患有高血压和胃病，在五道梁，当其他人都慢慢适应高原反应后，他依然每天只能吃下不到二两饭，非常瘦弱。

▲1975年刘以成所长去西藏看望冻土课题人员时与朱学文（左一）合影

工程科研必须靠扎实的一手调研、现场试验和数据积累来推进。朱学文每天带领大家到青藏公路沿线钻探取样、观测地温、试验冻土，到简陋的小试验室做试验，从不对人提起自己的病痛。

为了掌握多年冻土地区各种条件下修建沥青公路要应对的主要问题，朱学文带领科研组在驻地部队的支持下，在青藏线上修建了三段试验路，分别位于冻土上限深的地区、冻土上限浅的地区、河流汇聚的融区，目的是弄清楚冻土的深浅、冻土中含冰量多少对修建沥青路面的影响。

朱学文带领的科研组为青藏高原冻土研究奠定了

基础。几年下来，科研组通过对青藏公路全线多年冻土分布的调查，摸清了多年冻土类型，提出了分类标准，从路基和排水的角度提出了保护多年冻土的原则和措施，根据不同冻土环境，制订出相应的沥青路面合理结构形式和施工工艺。特别是提出“宁填勿挖，集中取土或在路基坡脚10米外取土”的理念，对日后青藏公路沥青化改造工程中的冻土保护起了非常重要的作用。

▶朱学文

就在科研不断取得重大突破时，朱学文的胃病却日益严重，一到海拔高的地方就上吐下泻，起初他强忍着胃痛，吃点药舒缓一下，后来便血也没跟大家说。

1976 年 7 月的一天，朱学文在工作时突然大口吐血，同事们这才知道他病情严重，急忙把他送到格尔木军队医院，经抢救才捡回一条命。脱险后他回北京休养，第二年开春，他又回到了五道梁，一直到科研任务结束。

几年的高原生活使朱学文的心脑血管、消化系统疾病更加严重。1986 年，朱学文在哈尔滨出差时突发心脏病去世。

陈国靖感叹地说，朱学文去世一年后，科研组承担的青藏公路多年冻土地区黑色路面修筑关键技术研究项目荣获国家科技进步一等奖，但他却没能和大家一起分享这来之不易的荣誉。

◎ 陈国靖：敢问路在何方

70 多岁的陈国靖已退休多年，他一肚子的“西藏往事”却记得清清楚楚。

1972—1978 年，他作为交通部第一批青藏公路多年冻土科研组技术干部，追随朱学文在青藏高原“鬼门关”上搞科研，经历了一生中最艰苦却也是最难忘的岁月。

▼2008 年陈国靖在青藏公路旁留影

“我们去的时候要自己带铺盖。”当年初到青藏公路五道梁驻地，陈国靖才知道那里的生活条件简陋得超出之前所有的预料，因为高原反应，他的脸肿得都变了形，那时候还没有条件吸氧，他凭借年轻硬是挺了过去。

陈国靖在科研组的分工是负责研究冻土对路基的影响，回想起当时搞研究的难度，他感慨：“当年资料太少又没有任何经验可参考，我常常问自己，冻土研究的出路究竟在何方？”

野外工作苦不堪言，在冻得硬硬的地上钻探是非常繁重的体力活，许多作业点海拔接近 5000 米，空气含氧量仅有平原的 50%。

“因为缺氧，我们的头脑总是昏昏沉沉的，忙一天回到驻地累得腿都抬不起来，有时还要自己做饭。”陈国靖有次用高压锅做米饭却忘记放水，结果高压锅爆炸了，锅盖飞起来把房顶都打坏了。

工作之余没有任何条件娱乐和消遣，想散散步都不敢走远，因为五道梁天高地阔、人烟稀少，容易迷路。想家的时候，陈国靖常一个人坐在墙角看月亮、看星星。

科研工作异常繁重，那几年陈国靖只去过几次拉萨办事，至今都没有去过日喀则、林芝等地欣赏美景。

几年的艰苦研究是有价值的，高原冻土地区公路建设关键技术研究取得了重大突破。说到这里，陈国靖给记者写了一份名单，都是当年在青藏高原冻土科研组工作过的同事，名单上的六位专家和同事已经去世。

回首往事，陈国靖不禁感慨："科研就是探路，只要不畏艰险、坚持不懈、无私奉献，总能找到'路'。现在，我国的多年冻土研究日新月异，技术水平在国际上也首屈一指。"

节选自 2014 年 7 月 25 日中国交通报第 17 版
《科技之光照天路——交通运输部公路科学研究院服务西藏交通发展综述》

这条路没有捷径可走

——我与公路院

沙庆林 ■ 公路院院士

▶ 青年时代的沙庆林

我 1952 年参加工作，1957 年来到交通部公路研究所工作，回顾近 60 年的科研生涯，我总结了两个字：一个是“爱”，一个是“不”。所谓爱，就是爱祖国、爱党、爱人民、爱学习、爱公路事业；所谓“不”，就是不怕苦、不怕难、不怕累、不浮躁。它使我形成了刻苦钻研、踏实认真、深入实践、一丝不苟的工作作风。这一切都来自于公路院各届领导的教导和培养，也离不开与我共同并肩工作的院内外同仁对我的支持与帮助。

那时的大学生都要参加一年的劳动锻炼，1958 年我被下放到湖南工地劳动锻炼。干的是民工活，挖土、抬土、打夯、修路基，手工砸碎石等。累是真累，但这是我第一次参加劳动锻炼。两个月后，领导让我带领 500 多民工修一段两公里长的石方路堑和一座桥。这是我的第一次生产实践。我是队长，既要负责整个工程的测量和施工，还要管理民工生活，非常忙。白天奔波在山路上，晚上睡在帐篷里。一年的生产实践使我感受到实践是知识的源泉。从那时起，我真正理解了“理论与实践相结合”的含义，并遵循这个真理开展我的科研工作。

1968—1979 年公路所党组织决定派我到亚非六国，参加援助公路工程的工作，给予我参与生产实践的机会。十一年的援外工作，尽管环境险恶，工作艰苦，生活枯燥单调，但使我免受“文化大革命”的影响，可以白天下工地，晚上读书学习。在赞比亚，我首次接触西方的技术，仔细阅读了英国运输研究所 TRL 的专题论文和英国有关标准。在其他国家，我抓住良机，同样如饥似渴地阅读英文影印件文章，专业理论得到了明显提高。援外工作也使我积累了许多宝贵的筑路经验，更重要的是锻炼了我的意志，培养了我的“科研与生产紧密结合”的工作作风。

▲ 莫斯科公路学院中国留学生党支部在宿舍内过组织生活（左三为沙庆林）

回国后，领导又把“六五”攻关的课题“提高路面质量的若干技术问题”交给我，1980—1981 年，我和课题组赵凤娟、熊焕荣、楼汉铮及江玉高与有关外省交通厅及科研所合作，两年修了 4 条试验路，期间大部分时间吃住在工地。根据公路工程试验的需要，经过反复思考、研究，我们终于设计出了一机多用的路面材料试验仪。公路所领导很重视与支持这台设备的研发生产，交给公路所实验工厂加工生产样机。经不断试用和改进后，1981 年，路面材料试验仪由北京工具厂正式投产。课题取得多项创新成果。

课题结束，有的同志准备出国留学，有的同志自己承担课题，路面课题组已是名存实亡。在很长一段时间里，我没有具体科研任务，有劲儿没处使，心情很低沉。

有一次到石家庄出差，河北省交通厅公路局的几位老朋友一致动员我调往河北工作。在我权衡是否调离公路所到河北工作时，无论从工作上，还是感情上，我都舍不得，不想离开。毕竟，在公路所工作了近三十年，与这里产生了深厚的感情，更为重要的是离不开公路科研。就在这时，贾日学副所长安慰我，告诉我这种现象是暂时的，别着急，机会还是有的。

1983 年，公路所遇到一个与英国合作的课题研究项目，为了提高相关人员的外语交流水平，公路所举办了第一届英语口语强化培训班，脱产学习半年。每个研究室抽调 1~2 名技术人员参加，培训班共 10 多位学员。我清晰地记得，当时班上最年轻的学员只有 26 岁，而我已经 52 岁，是年龄最大的。第 1 次摸底考试，成绩排在全班后两名。以我当时的年龄，要想使自己的成绩不落后于比我小十几二十岁的年轻人，没有捷径，只能自己下苦功夫。于是除一日三餐，几乎把所有能利用的时间都花在了英语学习上。日复一日，月复一月，期中考试时的成绩在班上处于中上水平，而到了结业考试时，成绩已是全班第二名。

正是因为这次历时半年的英语强化培训，我的英语水平得到了质的提高，这使得我后来几次去澳大利亚、英国等地参加学术会议或进行学术交流，不需要翻译，可以直接同国外专家进行无障碍沟通。在后来的科研中，能够比较方便地查阅英文文献，这也主要得益于这段时间的英文学习。感谢公路所对我的关心、培养。

1984 年，组织把“京津塘高速公路的路面设计方案研究”交给我，给了我一个报效祖国的科研平台。根据当时国内情况，我认为研究只能就地取材，选用价格低廉的半刚性路面，但没有足够的资料可借鉴。为了使第一条高速公路的设计具有充分的科学依据，经得起推敲，我和姜锡志院长组建了 40 多人（绝大多数是刚毕业的大学生）的中心试验室。我和年轻人同吃、同住、同劳动。

中心试验室对沿线土、半刚性材料、面层沥青混合料进行了全面的物理—力学性质试验。根据大量试验的结果进行京津塘高速公路路面结构设计。这种先进的做法及具体的路面结构设计、材料设计和厚度计算方法为随后其他高速公路的路面设计提供了范例和经验，也有着深厚的影响。其路面结构组合设计、材料设计、厚度设计方法等内容，补充了“强基薄面稳土基”设计理论的具体内容。从此重型压实标准半刚性路面成为具有中国特色的高速公路路面修建模式。这个模式既能适应重载交通的需要，又节约资源和资金，为我国高速公路跨越式发展作出了巨大贡献。

正如美籍华裔公路工作者所言：中国高速公路发展得这么快，就靠半刚性基层沥青路面。至今我国约 90% 的高速公路都是这个模式。

随后，公路所又对我委以重任，让我主持国家“七五”科技攻关项目“高等级公路半刚性基层沥青路面结构设计和抗滑表层”的研究，“八五”科技攻关项目“半刚性基层沥青路面典型结构的研究”和“八五”部级科技攻关项目。

十年完成 3 个课题，工作之忙，身心之累，可想而知。“文化大革命”后人才出现断层，原课题组成员一人出国，两人先后走上领导岗位，一人生病，只剩我自己。在后续十年的科研中，年过半百的我带领五位刚毕业的大学生与部分外省科研所和高校协作，一起进行国家重点科研攻关项目的研究。

半刚性路面的裂缝是国际性难题，1977 年壳牌公司出版的《沥青路面设计手册》和 1987 年第 18 届世界道路会议上谈到裂缝时的中心思想仍然是反射裂缝。数十年来国际学术界中一种比较普遍的观点是，半刚性路面的裂缝是由基层引起的反射裂缝，为了减少这种反射裂缝，最简单的措施是增加面层厚度，这样势必增大资金投入，不适合中国。何况，面层越厚，辙槽往往越深。

但半刚性路面的裂缝究竟是怎样产生的？影响裂缝轻重的主要因素是哪些？如何减少裂缝？我认为不

弄清这些问题，沥青面层的厚度就不可能减薄，更重要的是对路面设计会产生误导。

为了解决上述问题，我带领课题组，在河北、辽宁两省交通厅的大力支持下，对已建和在建半刚性路面的裂缝展开了大规模调查和取样检测。结果发现，华北地区厚 7 厘米以上面层表面的裂缝，绝大部分是沥青面层本身的温度裂缝，反射裂缝有，但比例不大。面层的裂缝起始于表面，逐渐向下延伸，并不是面层愈厚，裂缝愈少。影响裂缝多少的关键因素是沥青的质量和等级，其次是半刚性材料的收缩性、基层材料类型、半刚性基层的施工碾压含水率和基层完成后到铺筑沥青面层的间隔时间。基层开裂会增加沥青面层裂缝的数量，也是一个需要注意的问题。

课题组所铺筑的试验路或实体工程，我都会坚持进行多年跟踪观测，有的甚至跟踪观测长达 10 年，这些观测所积累的数据也充分证明，不是面层愈厚，表面裂缝愈少。

然而，上述这一系列创新观点，当时国内支持的人并不多，甚至公路所道路研究室内也是反对声一片，支持的人寥寥无几。但当时的刘奎乡所长不但支持，而且坚持把裂缝研究新成果写在鉴定意见里，成为重大的创新点。事实上，在那之后的几年，国际上同意、支持我这个创新观点的路面工作者越来越多。

在生活上领导也给予我很多关怀，当时陕西省交通厅对减薄试验路沥青面层不大愿意接受，朴河鸿副所长亲自陪同我到西安出差。考虑到我当时腰疾未好，朴所长亲自安排了一辆后开门吉普车送我去机场，让我可以躺在座位上。在飞机上，他又和乘务员讲明情况，乘务员调整座位，破例为我开设了“航空卧铺”。组织的关心，给我增添工作动力。

1991年的“半刚性基层沥青路面典型结构的研究”继续贯彻我国强基薄面的设计特色，论证了半刚性路面的允许弯沉值与柔性路面有显著差别，提出了新的材料回弹模量值，论证了厚度计算和应力验算只能采用同一个抗压回弹模量值，及路面疲劳开裂将先发生在最下面一层半刚性材料层的底面。并按地区和交通量的不同推荐了12种半刚性路面典型结构，有很大推广价值。我主持的部级项目“沥青路面结构的可靠性研究”，提出了各个设计参数的变异系数，分析了变异系数对路面可靠度的影响；提出的沥青路面可靠度计算方法既结合实际又具有独创性；同时，还提出了根据施工单位达到的主要参数的变异系数水平，

▼20世纪90年代沙庆林（右一）指导研究生实验

区分施工单位等级。以上成果为按可靠度设计路面提供了技术依据。

2000年前后，超载货车日益增多。我国公路设计规范虽然规定高速公路设计使用期是15年，但那时，新建高速公路通车后不到六七年，路面就开始产生结构性破坏。沥青面层往往两三年，甚至不到一年，就产生显著的水破坏或泛油和辙槽，需要开始维修或局部翻修重建，对交通运输产生很大影响，所造成的社会影响也不好。领导让我负责对11个省市30条高速公路路面的早期破坏现象进行详细实地调查分析后，出版了专著《高速公路沥青路面早期破坏现象及预防》。

当时国内报纸、杂志发表的文章，几乎将公路过早出现早期破坏的原因全部归罪于超载车辆。我不这么看，超载是客观原因，任何事物都是外因通过内因起作用。应从技术角度审视我们的设计、施工和管理有没有问题。年过古稀的我深感责任重大，作为一名院士，应该有勇气应对超载货车对路面结构造成的损害、对公路工作者提出的新挑战。我认为，只有从矿料级配和施工工艺上找原因，才能找出路面产生严重早期破坏的内因，研究出解决的措施。

古稀之年，组织上又让我主持“重载交通长寿命沥青路面的关键技术”的研究。再次给予我极大的信任，使我激动又感动。虽然当时我是退休职工，但公路所领导继续给予工作上的支持，生活上的关怀。往返北京—秦皇岛，都是公路所司机班出车接送；公路中心长寿命课题组长王旭东在秦皇岛公路局给我租了一辆越野车，配备专职司机，方便我每天往返驻地、料场、拌和楼和摊铺现场。王旭东还派课题组的路凯翼研究员和周兴业助理研究员，协助我监督施工质量。5厘米的沥青面层，竟然修筑了三个月。在公路所的关怀与帮助下，才使我这位75岁老人按时完成任务，验收会上，专家们给予“达到国际领先水平”的高度评价。让我这个在公路所工作58年的老兵，在科研生涯中画上圆满的句号，没有辜负领导的期望。2005年我向部领导倡议修建中国的足尺试验环道，2015年年终也由王旭东带领的长寿命课题组建成竣工。

回顾近60年的科研生涯，我从一个留苏研究生，成长为一名中国工程院院士，离不开组织上的关怀与培养，让我承担大课题，一步步扶植我成长。我感谢公路所党组织、感谢培养我成长的有关领导。

在这60年的科研实践中，使我认识到从事公路工程工作，必须要准备吃大苦，耐大劳。无论是承担国家科研项目，还是指导各省修建高速公路，在工地上住一两个月是常事。修广佛高速公路时，我和民工吃一样的伙食，住一样的工棚通铺。白天吃饭轰苍蝇，晚上睡觉拍蚊子。

▶ 2003年沙庆林（右一）做学术报告

为了了解路面的实际使用状况和性能变化，1992年春，我乘汽车和步行查看沈阳—大连高速公路，两天步行40多公里，4天共查看370公里的路面；1996年春，我三天步行70公里，骑自行车15公里，查看沪宁高速公路的路面。有位刚来的本科生公开说：让我做试验是浪费人才。他不明白实践出真知的道理，只有广泛接触生产实践，熟悉并亲自动手做各项试验，深入现场调查研究，才能掌握第一手资料。我深入拌和厂登上拌和楼，研究分析拌和楼的生产情况；我亲自在新旧路面上走，低着头细细观察，发现有局部不规则裂纹、松散和坑洞等现象，就蹲下去，甚至趴在地上，查看已取出芯样的钻探洞。正是这种经历使我成为发现路面早期破坏真正原因的第一人。

我并不觉得辛苦，而是感到有价值。虽然几十年来，苦和累始终伴随着我，但是，每当我克服种种困难，在科研和工程上取得成绩，特别在理论与实践上有新的突破和创新的时候，我会深深地体会到苦中有乐、苦中有甜的滋味。每当我修完一条路，走在绵延伸展、坦荡如砥的公路上时，都会感到当初选择学习公路专业是对的，是我报效国家的最好途径。

我一次只招一名研究生，为的是能手把手教他做试验、逐字逐句地改论文；当师生间有意见分歧时，有充裕时间面对面交流。王旭东是我的硕士生，论文答辩后，专家评价：硕士论文达到了博士论文水平。我虽仅带了四名硕士，三名博士。但我到各地去讲课、咨询或现场指导，亲手教他们做试验，随时随地都毫不保留地将知识传授给别人，因此学生不少。

最后，对于年轻人我想说：科学研究无捷径可走。当前的学习、工作条件，都远远优越于我们这代人，希望大家珍惜它！抓紧点滴时间努力学习，扩展知识面。我不仅学习公路专业知识，也学习数理统计、掌握有关机械制造方面的知识，所以才能设计出“路面材料试验仪”“粗集料单一粒级专用筛分机”等试验仪具和设备，并对现有筑路机械提出改进意见。

青年人还要自觉地在艰苦的环境中锻炼自己，脚踏实地地工作，只有亲自动手做试验，深入生产第一线，才能掌握第一手资料，写出具有自己见解的论文，而不是复制、拼凑出来的论文。只有这样才有可能获得创新性成果，体会到成功的喜悦。

饮水不忘掘井人
——记恩师颜静仪

孙继洋 ■ 公路院人事处

鲜花感恩雨露，因为雨露滋润它成长；苍鹰感恩长空，因为长空让它飞翔；高山感恩大地，因为大地让它高耸；而我感恩颜静仪总工，因为她是我工作的引路人。

十年来，在颜总的悉心指导下，我提高了机电专业的技术水平，培养了积极向上的处事态度，形成了果断干练的工作作风，颜总的众多可贵精神让我受益匪浅。

干一行爱一行　在探索中精进业务

在我 2003 年毕业入院时，颜总 58 岁，她跟年轻人一起摸爬滚打，出差加班，钻隧道、爬大山，上高架、下深井，一样都不落下。

记得 2004 年 3 月，颜总和我在湖北省沪蓉西高速公路龙潭特长隧道开评审会，这是我第一次作汇报，颜总指导我修改 PPT 到凌晨三点，然后跟我说："小孙，我年纪大了，先去休息了，你自己再熟练熟练，第一步要走好，才能为以后打下坚实的基础"。简单的几句话，鼓励我不知不觉地修改到凌晨五点多。也因此在第二天的汇报中顺利发挥，不仅增添了信心，得到了专家、领导的认可，更为日后提前开启项目负责人之路赢得了机会。

◀ 颜静仪（中）在隧道现场考察（右一为作者）

在亚洲第一长公路隧道——陕西秦岭终南山隧道现场考察时，我再一次体会到了颜总的身体力行。虽然隧道已通车，但是通风竖井尚未完工投入使用，现场尘土飞扬、机器轰鸣，当时颜总已是64岁高龄，但她果断地戴起安全帽、口罩，二话没说就和我们一起下井踏勘了。本来就经常性咳嗽的她，到了井下愈发严重。日后很长一段时间内，颜总仍然对此次现场勘查的收获津津乐道，实地考察取得了第一手资料，早于国内众多设计同行，帮助我们大大提高了设计水平，也使设计院在国内隧道通风界有了一定知名度和话语权。

我跟颜总出差比较多，她总会抓紧零散时间为自己充电，不管在飞机上还是火车上，不管是看设计方案还是看报纸，很少见到她在旅途中休息。颜总自己说喜欢出差，忙忙碌碌很充实，换换脑子就是休息了，一闲下来就生病。跟颜总一起出差行程都很紧凑，不是加班熬夜、与业主交流就是安排现场勘查，她总是希望利用有限的时间来尽量丰富阅历、提升技艺。有时候年轻人身体都

▼ 颜静仪（右一）熬夜深耕方案

扛不住了，而颜总却是精神奕奕。她自己说得益于年轻时喜欢打排球，打下了良好的身体基础，说我们现在的年轻人太不注重身体锻炼、总喜欢宅在屋里玩电子产品，年纪大了身体素质真是堪忧。

颜总经常说一句话：工作要做到前面，以免人家问倒你，你问什么我有什么，你就问不住我了，工作做到位了，才会让人家信服和满意。这是颜总一贯奉行的工作态度，也充分体现了她对本职工作的热爱。

◎ 干一行钻一行　在细节处磨练意志

让颜总审过方案、图纸和 PPT 的同志都知道，颜总每次都非常认真负责，绝无草草应付了事之举，错漏很难蒙混过关。颜总字字珠玑，甚至“咬文嚼字”，一句话一个词都会反复琢磨、推敲讨论，甚至对 PPT 的美观度、字体大小、字体颜色都不放过。

细节决定成败，每次开评审会我都特别喜欢邀请颜总去坐镇。虽然与颜总一起出差会有压力、也比较辛苦，因为她总有各种修改完善的意见提出，有时我认为细微之处瑕不掩瑜，但她都会力争做到尽善尽美，不留死角。所以，加班熬夜已是家常便饭，甚至开会前一分钟都在做最后的校对，但如此开会时心里会非常踏实，绝不会担心面对专家的问题。正是因为会前充分的准备，才有会上的应付自如，会后的轻松愉悦。

点点滴滴的精细化指点让我认识到平凡中的不平凡，认真做好每件事，伟大不期而至，这是细节的魅力，也是水到渠成后的惊喜。正因如此认真负责、注重细节，使她在公路机电行业内赢得了良好的口碑，业主都非常愿意请她去当专家，有了她的把关，业主会更加放心。

颜总一直是行业内顶尖的交通机电监控专家。从 2002 年才开始投身于隧道机电专业，57 岁高龄还对新鲜事物有着极大的兴趣，开辟新的专业领域。她对知识的渴望比我这个刚走出校门的小伙子要强烈得多，而且经验丰富、讲究方法，成效立竿见影，短短三五年就又成了行业内隧道机电专业的顶尖专家。

我曾经就学习方法请教过颜总，她说的一段话让我印象深刻：做事情要有力臻完美的心，做工作需要讲究方法，新接触的工作可以找以前的经验和范本来参考，省时省力，站在前人的肩膀上可以让我们看得更远。但是做事不能成为工具和简单的搬运工，必须加入自己的思考，而且尽量深入思考，成长轨迹应该是操作师、工程师、设计师。以前的文件不一定对，不要想当然的把“以前就是这么做的”作为托词和借口，事情总是在不断创新中前进的，历史也是在不断变革中进步的。

颜总每次开会回来都会向我提问，甚至在开会中也会给我打电话，刚开始我非常害怕，因为问到的知

讨论方案时颜静仪认真记录

识我都不会，但颜总一句话点醒我：提问是督促你不断学习，掌握行业前沿动态、弄清专业重难点，使你不断进步。后来我逐渐习惯了这样的教学方式，不再对被问倒而感到难堪。颜总若几天不提问，我甚至感觉学习的积极性都有所下降，知识更新的步伐也缓慢了。再后来我就变被动接受提问为主动向颜总提问，询问近期行业技术前沿动态和专家最新思路，这种方式显然效果更佳，进步也更为明显。

颜总的好学钻研还体现在对电子产品的摸索和研究，比如手机、相机、电子词典等新潮产品，她对新鲜事物的敏感度比我们年轻人还敏锐，颜总真是我们“活到老、学到老”的典范。

干一行精一行　在平凡中不断卓越

颜总是一个追求完美的人，碰到看不惯的事情不会熟视无睹。她喜欢态度积极的学生，不愿意与思想上、行动上有惰性的人共处，碰到思想上慵懒、态度上轻视、行动上迟缓的年轻人，颜总经常严肃的提醒：年轻人，拿出你的激情和热情来，不要一副老态龙钟的样子。颜总交代的事情若是没有及时完成，她会大发雷霆，有时候甚至没有听完你的解释就把你狠狠地批评一顿，但对事不对人，过后她会因为发脾气而道歉。面对颜总的严厉，我刚开始非常不适应，心里面有很多委屈，也想过撂挑子，但当完成的工作得到认可甚至嘉奖时，则完全冲淡了之前的不快，反而感激颜总的高标准严要求。

颜总的急脾气培养了我积极的态度和干练的作风，让我做任何事情丝毫不敢懈怠。接手新工作后马上制订计划，排出时间表。每当遇到突发事件、关键节点积极主动汇报，保证工作及时高效完成。颜总的滴水不漏也养成了我汇报工作的习惯：抓住领导关心的核心问题、重点问题，“本末倒置”的先汇报结果，再根据领导需要简明扼要汇报各个关键节点和起承转结的过程。

有一次颜总交代我在开会前几天给业主发送一份汇报方案的邮件，请业主提出修改意见，我按要求发送了。开会前颜总与业主沟通，征求对方的意见，业主说没看到汇报方案。颜总马上喊我过去，劈头盖脸一顿训斥，我很委屈，狡辩说我发了啊。颜总更加气愤：发了不告诉人家，人家怎么知道？你发完自己不告诉业主，你反馈给我，我去告诉业主也行啊？我默默地低下头，回来想想挨这顿批评也不冤枉，让我领悟到领导交办的事情要形成闭环，不能想当然，甚至不了了之。颜总跟我说：评价一个人，看能力和状态。有能力、没状态，干不好事；有状态、没能力，干不成事。我现在养成一个工作习惯：领导交代三天完成的工作，要有两天完成的决心，最好一天干完，尽量不要拖到最后一刻才交卷，又快又好方能体现能力和状态，而这个习惯最早就是源于颜总的培养和打磨。

干一行敬一行　在团队中不断升华

颜总作为行业内为数不多的女专家，由于其低调内敛的性格、谦虚务实的作风，对科学的尊重，对新知的渴望，使得她处处受人尊敬。颜总在做人方面给我留下的印象是：遇领导不卑微、遇同行不冷漠、遇晚辈不张狂。在开评审会过程中，针对同行提出的质疑，她都能心态平和地予以解释；针对建议，她也能听进去不同的声音、谦虚地接受；若有人咨询请教，她更是有问必答，毫无保留，完全没有行业顶尖专家高高在上的架子。即使是年轻人，颜总也能与其进行平等的交流与探讨，取其所长。

颜总经常跟我们说，一个人力量是有限的，众人拾柴火焰高，同行不是冤家，互相帮助才能共同进步。一个年轻人能够快速成长，除了自身努力，更要靠团队协作。当团队的每一个人都坦诚相待，都有一份奉献精神时，取长补短，个人的能力肯定会得到大大的提升，三人行，必有我师焉。将团队里面每一份子的优点长处都变为自己的优点长处，灵活运用，不仅能使团队的力量日益强大，自己的

◀ 机电团队参加隧道国际会议（左一作者，左三颜静仪）

能力、潜力也会慢慢得到升华。能够在刚入职时就有如此负责任的导师、率先垂范，能够有众多师兄弟指导相助实乃人生一大幸事。

湖北省沪蓉西高速公路、陕西省铜黄高速公路、山西省太古高速公路、山西省五盂高速公路、贵州省贵广高速公路等，不管什么场合只要听到看到其中任何一条路的信息，都能够勾起我满满的回忆，脑海里浮现的往往都是颜总陪我们并肩奋斗在设计一线的场景：研读方案、分工协作、互相补台、共筑精品。这样的经历对我弥足珍贵，历久弥新。

颜总去年年底已满 70 周岁了，返聘十年后也离开了工作岗位，欢送会时她跟大家说："感谢这么多年来大家对我的尊敬、支持、帮助和包容，我脾气比较急，批评过你们的不要往心里去，其实你们已经非常棒了。在今后的工作中希望你们能够团结，为设计院的发展壮大尽自己最大的努力，也实现自己的价值。若有需要我的地方，我还可以为大家服务，毕竟在交通行业这么久了，对设计还非常有感情，知识也不会一下子都遗忘，人虽然不上班了，但心里面仍然会惦记着大家，再次感谢大家对我这么多年来的帮助。”说完声音已哽咽。言谈举止间满是不舍，舍不得离开她奋斗了一辈子的事业、舍不得离开辛勤耕耘的工作岗位、舍不得离开众多朝夕相处的学生。

我作为颜总众多学生中的一名，从老师身上学到了太多，为人处事、工作作风、学习态度、待人接物等等，师恩浩荡，非短短数语可完全表达。颜总的教诲让我明白了“不积跬步无以至千里，不积小流无以成江海”的意义。路漫漫其修远兮，吾将上下而求索，无论我在哪个岗位，我都会将颜总的优良传统继续发扬光大，将谆谆教诲铭记于心。

楼庄鸿：桥梁是我一辈子放不下的梦

吕铁英 ■ 公路院桥梁中心

满头银发梳理得一丝不乱，满脸的皱纹掩不住那亲切的笑容，瘦削的身材略显单薄，因为膝盖病痛走路略显蹒跚，可只要一张口，那底气十足的、略带江南腔调的声音不会让人觉得，眼前这个和蔼的老人已经 82 岁高龄了。

他叫楼庄鸿，是交通运输部公路科学研究院研究员，是桥梁中心目前年龄最大的返聘老专家，更是大家心目中如亲人一般的存在。

82 年来，从上海到北京，从北京到山西，从山西再回北京，八旬老专家楼庄鸿的故事让人参悟生活苦乐的意义。

走进这一行　是人生的宿命

1933 年 12 月 14 日，楼庄鸿出生在上海一户小康人家。祖父是生意人，家境也算不错。在那个特殊的年代，虽然不愁吃喝，但目光长远的家长还是非常重视对长子楼庄鸿的教育，把他早早送进了学校。楼庄鸿自己没有富家子弟的散漫娇纵，在学校发奋努力，成绩一直名列前茅，初中和高中都是以全校第一的成绩毕业。

特别值得一提的是，因为处在上海这样的开放港口城市，家里人大都会说一些英文，特别是楼庄鸿的父亲。楼庄鸿回忆，那时候订报的人家不算多，但自家不但订了报纸，订的还是《大美晚报》（20 世纪上半叶美国侨民在上海发行的一份著名英文报纸，1929 年 4 月 16 日在上海创刊，前身为《大晚报》）。与此同时，楼庄鸿所在的民智小学从三年级就开始教授英语，初中后更是多用留英归国的老师任教。在家族环境和学校教育的熏陶下，楼庄鸿在青少年时期就打下了坚实的英文基础，这也为他后来翻译大量的行业论文奠定了基础。

随着日本侵华战争的不断扩大，楼庄鸿的祖父宁可放弃生意，也不和日本人做买卖，楼家因而逐渐衰落，但家里长辈的民族气节和对名利富贵的淡泊却一直深深影响着楼庄鸿。

1951 年 9 月，楼庄鸿以总成绩第二名、数学单科华东区第一名的成绩考入了名牌大学——上海交通大学土木系。其实鲜有人知，因为小学毕业时患上肾炎和伤寒，楼庄鸿饱受折磨，曾在高中休学一年半。也就是说，高三下学期他根本没有到学校念书，就参加了大学入学考试并取得了如此让人惊叹的成绩！

1952 年，全国高等院校调整，上海交大与其他大学的土木工程专业共同并入同济大学，学科进行了再次细分，楼庄鸿阴差阳错地成了同济大学公路与城市道路专业的学生。

◀ 1988年楼庄鸿（左前）在日本福岛县 115 号国道一号桥工地考察

到了同济大学，公路工程的理论还没正经八百地开始学，学生们就到扩大的校区中去修路，这样才能保证师生们出入学校方便。那时候的同济大学和现在完全没法比，学生在草棚房中上课，学校甚至连个像样的食堂都没有。最拥挤的时候，3600 多人就挤在一个大草棚中吃饭。10 个学生共享一个 12 平方米左右的宿舍。“条件很艰苦，但还是一段难忘的回忆”，楼庄鸿说。

◎ 初入职场　他就亲历《狼图腾》

2015 年，电影《狼图腾》让人们看到了西北狼的凶残和疯狂，而这样危险的境遇，楼庄鸿竟也亲身经历过。那是在楼庄鸿 1955 年大学毕业之后发生的事。

当时，楼庄鸿被分配到了北京，但并没有被安排进入交通部门，而是去了当时的国家城市建设总局城市设计院。

参加工作的第二年，22 岁的楼庄鸿就被安排负责甘肃张掖的城市规划项目，担任张掖规划组组长。全组六七个人，全是小年轻。

自小在大城市出生和长大的楼庄鸿从来没有去过西北这样的欠发达地区。而且，城市道路规划算是学过的，但工业布局对他来说完全是个陌生领域，为此，楼庄鸿强迫自己恶补这方面知识。甚至在去张掖实地考察的火车上，他一路都在看书。

“那时候的张掖，用‘萧条’都不足以形容，我们这些技术人员去了，也大多只能住在库房里，不是单位不给安排住宿，而是整个城市里都没有宾馆、招待所。”楼庄鸿回忆说，为了布置苏联援助的军工企业，需要规划两个地区：一个在张掖县，一个在戈壁滩上叫沙井子的地方。后者地处偏僻，交通不便，信息闭塞，贫穷落后。新中国成立初期，沙井子就一个村，全村只有约百人。

有一次，在距离张掖县城60里开外的一个水文站收集相关数据资料时，组员们乘车先行离去，留下楼庄鸿一人。他忙了一整天，次日清晨只得步行回程。足足走了六个小时，楼庄鸿提心吊胆，手里紧紧攥着一根木棍，双脚酸痛也不敢停歇片刻。

怕啥？怕狼！因为从到了张掖的第一刻，当地的工作人员就告诉规划组成员，一路上会有西北狼。就在到达张掖不久后，楼庄鸿和另一位组员在骑着自行车的行进途中，就真的碰见了三只狼！因为狼未见过自行车这种物件，也不敢轻易上，僵持一阵幸而脱险。如今已经40年过去了，楼庄鸿依旧对此记忆犹新：“如果发现有狼在身后，用两只前爪扶着你的肩膀，千万不要回头，一回头就会被直接咬破气管，凶多吉少。”

除了狼，因为张掖的自然环境恶劣，各种突发情况频发。一次楼庄鸿骑着自行车去勘测地形，大概有1公里的路要从沙漠里穿越，“那简直不是人骑车，而是车骑人！除了流沙，还有黑风，鸟都能相互撞死！”楼庄鸿遭遇过的那一次，能见度不到一米。

在张掖的日子里，年轻的楼庄鸿住过仓库，遭遇过西北狼，跨越过流沙，甚至还睡过火车站——那是兰新铁路刚通车的冬天，楼庄鸿要从张掖去临泽处理一些工作。车站没有灯，一片漆黑，等到了站拼命挤下车，已是深夜，没有人接。想到自己身上带着几张军用地图，属于国家绝密资料，楼庄鸿不敢乱走，思考了一下，他干脆打开了铺盖卷……不知道是困的，还是冻僵了，楼庄鸿很快就睡着了，但他放在被窝里的手还紧紧地握着那卷地图。

后来，楼庄鸿直言，在张掖的日子里很苦，但不得不说，正是这初入社会的艰难，磨砺了自己的心志，强化了自己的责任心。这一切，对于后来的职业生活意义重大。

命运“不平”　更要一步一个脚印

1965 年，因为工作变动，楼庄鸿离开了人人羡慕的首都北京，去了山西太原。

面对这样的改变，楼庄鸿的心里还是有些落差的。“就在调令正式下发的前两周，我跟规划局的领导出差大同，住在当时不错的宾馆——大同宾馆，在宾馆中我还染上了虱子！”楼庄鸿笑言，在那之前，自己甚至没见过虱子长什么样……不过这个变动也算是新的机遇，因为这一次，楼庄鸿终于回归公路行业老本行，进了山西省公路勘察设计院。

因为单位技术力量薄弱，大学毕业生都被安排去搞技术复杂的桥梁技术工作。当时，人手有限，负责一座桥就得负责全部工作——水文调查和计算、桥梁基础设计、桥梁上部结构设计……烦琐忙碌的工作"逼着"楼庄鸿开始高强度的自学，他要尽可能全面地补充自己的知识。实在解决不了的问题，楼庄鸿就去"缠着"单位上的老工程师，打破砂锅问到底。

除了工作的疲乏，因为文化大革命的扩大化，楼庄鸿这样的知识分子被揪出来了，承受了巨大的思想压力。"挨批斗是常事。每次批斗的人走了，我不得不继续工作，但是心里累啊！"楼庄鸿提起当年旧事，依旧不住叹息。但是，为了让自己转移注意力，楼庄鸿更加花心思在学术科研上。在山西工作的日子里，最让楼庄鸿骄傲的是，他在实践经验中慢慢摸索出了一套拱桥、特别是连拱的简便计算方法。文化大革命后，桥梁学术会议恢复，他的成果备受好评。他本人也常常被很多省邀请去演讲。

那几年，楼庄鸿逐渐被行业所认可。彼时，他已过了不惑之年。

1977 年，楼庄鸿有了调回北京的机会，任职于交通部交通科学研究院公路所。距离阔别首都，已经过去了 11 年。在外的风雨让楼庄鸿迅速成长，也让他更加明确了自己要用下半生去践行的人生目标——桥梁事业。

回到北京之后，条件其实依旧很艰苦。起初楼庄鸿被安置在实验室里，想铺张床就住下，但这个计划后来被否定。楼庄鸿就只能开始在亲朋好友家“打游击”。一位亲戚看楼庄鸿实在太奔波，就把他临时安排到自己单位的招待所——平时没有接待任务还好，但一旦来了客人，哪怕是半夜，楼庄鸿都得立马走人，给客人腾出地方……“那时候的艰苦和心酸，是现在很多年轻人都想象不到的。但即便如此，我还是会安慰自己，单位有自己的困难，我必须要理解。于是，也就忍了下来。”说起当年事，楼庄鸿云淡风轻，仿佛那是在说别人的坎坷。

其实，对楼庄鸿来讲，生活上的困难还可以克服，最大的尴尬是满心壮志的他发现自己找不到合适的课题了。他不知道自己想研究点什么，也不知道自己能做什么事……头疼了很久之后，楼庄鸿才终于在旧桥评定和加固以及大跨径桥梁课题上打开了局面。

这一干，就是几十年，直到现在。特别是 1995 年退休后，楼庄鸿依旧没有真正休息过。他说，他舍不得，趁着自己还能动，多做点事情，有意义的事情。

退休次年，已经 61 岁的楼庄鸿受广东省交通厅之邀去广东虎门大桥公司工作，主要任务是编写《虎门大桥工程》一书，他作为编审组组长，与其他3位组员一起，审阅了设计、施工、科研、监理、管理提供的文稿，对其进行修改和补充。历时两年三个月，终于完成这部四卷200万字的巨著，广东省交通厅高度肯定，该书也获得了行业内的一致好评。

对此，楼庄鸿很自豪，也深受启发。自己多年来其实也写过很多文章，为何不能出本书和更多人分享呢？于是，楼庄鸿在自己职业生涯里写过的文章中，优选了45篇编成了《楼庄鸿桥梁论文集》，并附上了另外45篇未选用的论文题目。由公路院桥梁中心出资，于2004年出版。

直到现在，楼庄鸿每年依旧会在全国桥梁会议上发表论文。他还参加过《中国桥谱》《面向创新

▼2015年楼庄鸿（左一）在青海西宁老鸦峡一号桥现场指导

的中国现代桥梁》的编写，并主编、主审过多本桥梁书籍。

◎ 不负工作　却不得不负她多年

这些年经历风雨无数，楼庄鸿坦言，自己也曾有熬不下去的时候。每当难熬之际，结发妻子成了他最大的精神寄托。

因为工作几度调动，楼庄鸿 32 岁才成家。彼时，他尚在山西，妻子则在千里之外的北京延庆。新婚燕尔，感情正浓，楼庄鸿和妻子却只能靠一周一封书信聊以慰藉。因为那时候电话属于稀罕物，只有单位有，而用公家的电话聊私事是严重违纪。

1977 年，结婚 11 年后，楼庄鸿才调回北京，但依旧没有结束“分居”生活。因为住房没有着落，彼此的工作也都有所牵绊，妻子依旧在延庆。每次去延庆探亲，楼庄鸿都得去北郊长途汽车站排长队。那时候，别的交通工具没有，只有车况不佳的长途客车。“嘿嘿，那时候排到头，如果没有位置就得站着，要是不愿意站，那就重新绕回队尾再排队。见爱人真是不容易。”

直到 1981 年，楼庄鸿才终于和妻子结束了“分居”生活，真正住到一起。但是因为工作忙，孩子出生之后，女儿被送回上海爷爷家。妻子和他都饱受亲子分离的相思苦，却不得不忍下一切。后来，楼庄鸿准备去广东虎门工作的时候，妻子其实已患上青光眼，视力越来越差，后来失明……但妻子知道楼庄鸿放不下自己的事业，还是同意他去完成心愿。就在出差的前一天，妻子因心肌梗死，离他而去。楼庄鸿不得不延迟去广东的时间，为这个伴随他、理解他几十年的亲人料理后事。

楼庄鸿说，这一生都会对妻子这么多年默默坚守的付出心存感激，亦有愧疚。

◎ 寄语后辈　要对得起自己的选择

楼庄鸿现任妻子待他非常不错，孩子又孝顺，本应是安享晚年的年纪，他却落下一身“毛病”——胆息肉、神经炎、高血压、糖尿病、眼睛黄斑变性、骨质疏松、退行性膝关节病……其中，有不少都是职业病。

2015 年国庆期间，楼庄鸿的膝盖疼得甚至无法下地，很多人苦劝他不要工作了，也没必要继续折腾了，但他说，“自己做了一辈子桥梁事业，我热爱桥梁事业，放不下，只要单位认为我还有点用，还有我的脑子不糊涂，我愿意再干下去。不是为了钱，而是一种享受。”

其实，后辈同事们私下里，对跟随楼庄鸿出差这件事，既爱又怕。“跟楼工在一起，我们肯定能学到不少宝贵经验，但因为楼工太认真了！我们每次都害怕！”曾经跟楼庄鸿去参加过桥检的同事说，这么大年纪了，站在桥面上或者坐在办公室里等着项目组的结论报告，给改改就行了，结果老爷子非要往桥底下钻！细细考量，与其说是害怕，还不如说，这是所有人被楼庄鸿对工作的责任心所震撼。

最近几年，楼庄鸿参加了四届部组织的桥梁巡查工作，2014 年，他参加了 9 座桥的巡查，近两个月的工作，使他的血糖增高，尿蛋白三个“加号”。2015 年，他又被派出巡查，他说连续两个月，我可能承受不住，但如需要，可以参加两个，休息一下，再参加。结果他所在的组任务有 10 座桥，他去了 5 座，最远去到了青海。

如今，82 岁高龄的楼庄鸿常挂在嘴边的俏皮话是“我也是 80 后，因为我已经过了 80 岁了！”他多年的坚持和乐观也潜移默化影响着桥梁中心的年轻人们。偶尔会有年轻人来跟楼庄鸿倾诉对职场发展的迷茫，每每听到这些，楼庄鸿都会用自己的亲身经历告诉大家，迷茫是必然的过程，生活和职场，重复工作都避免不了，一定要沉静心态。此外，要多站在行业发展的角度看现在桥梁存在的问题，结合他的兴趣，找一两个问题收集资料，认真思考，结合实际，深化认识，求得解决，取得突破。这既是提高了自己的本领，也是解决了行业的一些难题。这样自己也有奔头了，也就是给自己找了方向。

王迪荣：环境造人 勿忘初心

程炳莉 ■ 公路院桥梁中心

离约定好的采访还有一段时间，王迪荣就早早地来到办公室。先理了理当天紧要的工作，再翻了翻堆在桌上的评审报告，最后倒上一杯水，便安静地在自己的房间等着……

虽然退居二线已经有些时候了，但作为曾经的道桥部老主任、桥梁中心的元老级人物，王迪荣在所有职工心里的地位却从未曾动摇。

◎ 出身贫寒 平凡母亲教会他坚持

王迪荣出生在江苏宜兴的一户农家，家里兄弟姐妹 7 个，他排行老二。家里的条件不算好，父母守着不多的田地，每天面朝黄土背朝天，只为养活一大家子人。

按照当时家里的实际情况，虽然孩子们上学成绩都还可以，但只能选择重点培养其中几个。考虑再三，家里人把读书的机会留给了王迪荣。“那时候心里很愧疚啊，为了让我受好的教育，我的兄弟姐妹很多都是初中甚至小学的学历，一辈子就只能留在那乡村里生活，虽然现在过得不错，但原本他们或许会有更好的出路。”说起家里人，王迪荣很感恩，正因为如此，他学习更加刻苦努力。工作之后，每个月的工资他只留够生活费，其余全部寄给家里。

为了给家里省钱，小学毕业的时候，王迪荣原本考上了当时县里最好的学校——宜兴二中。但因为学校离家太远，只能住读，王迪荣舍不得家里出了学费，还得再负担他的生活费，于是，坚持了一年后，他就要求转回区里的高塍中学。虽然家里对此还是有些意见，但理解他的用心良苦，也不再说什么。

回到区里的中学后，王迪荣的成绩直到初中毕业，都名列前茅。初三那年，学校开始研究保送高中的名额，王迪荣自然也在其中。在当时，这绝对是一件特别难得的大好事，但王迪荣的决定出乎所有人的意料，他婉拒了学校的好意。原因很简单，还是钱——只有中专，才能获得国家补贴的学费和生活费，懂事的王迪荣不愿再让家人为自己付出。此外，彼时适逢自家所在的村子里大兴水利，王迪荣觉得这是个有前途的专业，所以报考水利中专成了他最大的意向。

这事传到王迪荣母亲耳朵里，这个老实巴交的农村妇女急了，跟土地打了一辈子交道的她虽然没有文化，也讲不出太多大道理，但她知道，儿子要出人头地就必须读好书，上好学校……母亲撇下手上做不完的农活，把王迪荣拉到跟前，对他说："家里再困难都好，我们千方百计也得保证你上学！你上好了学，就是在给家里解决困难！"随后，她又强烈要求儿子带着自己去学校找校长，看看是否有回转的余地——王迪荣记忆里，那正是7月里的某一天，天气不好，下着倾盆大雨，母亲在泥泞的路上一步步往前行进，走得相当艰难……

虽然后来拗不过王迪荣本人，家人最终尊重了他选择水利中专的意愿，但王迪荣说，恰是母亲当下的举动，对他一生的影响非常大。在母亲的身上，他看到了一个人面对生活坎坷时应该有的那份坚持，更看到了越是艰苦时刻、越要眼光长远地看待问题。

事实上，命运待努力的王迪荣也是不薄的。就在王迪荣安心考完水利中专的入学试后，国家教育改革启动，华东水利学院（后更名为河海大学）开始招收预科。尽管名额极其有限，但王迪荣还是凭借不错的成绩被录取，提前开始了一段两年预科加 5 年本科的大学生活。“这个结果让我最高兴的原因其实是因为学费生活费全部都是国家承担，家里人总算少了些压力。”王迪荣笑言。

▼ 1986 年王迪荣在工作中

上预科的两年里，王迪荣争取到了学校里最高等级的助学金。不仅学费、食宿费全免，甚至每个月还有 1 块钱的零用钱。为了省钱，王迪荣只在每年春节的时候回家，暑假就在学校勤工俭学——报酬是一天 7 毛钱。虽然不高，但多少能补贴点生活，王迪荣很是知足。

奋发图强　职场多变而初心不改

苦读两年预科之后，成绩一般的学生分流到其他地方，成绩较差的学生被要求重新参加高考，像王迪荣这样能直接升入本科的最后只剩下总人数的 1/3。按照最初全国招生 80 人的数量来算，也就是 20 人左右。

1965 年，王迪荣大学毕业。其实早在大五那年，做完毕业设计后，学校就安排王迪荣跟随南京水科院和北京水运规划设计院的工作人员去了金沙江，进行一段较长时间的支援“三线”建设的社会实践，所以他满心以为自己毕业后会到水运系统工作。但让他感到有些意外的是，最后的分配结果是在首都北京的交通部交通科学研究院公路所桥涵室。

虽然听从组织的分配，但王迪荣心里难免有些不解。后来，单位相关领导介绍说，桥涵室工作涉及的范围很广泛，很多时候都要用到王迪荣所学的水利专业知识，只要他努力，一定会有施展自己才能的平台。听完，王迪荣打消了所有顾虑，很快就接手了自己的新工作。

工作后不久，王迪荣就被单位送去了湖南，参加交通部在那里组织的公路水害防治研究工作组。这一待，就是两年。

1969 年，受文化大革命的影响，王迪荣和不少同事都被下放到湖北阳新干校劳动。在正式下放之前，王迪荣特地把母亲从老家接到了北京小住。因为政治环境特殊，那时候即将被下放的人精神压力都很大，王迪荣也不知道这一走还能否回来工作，所以让母亲来首都看看，也算是简单报了亲恩。

因为家庭成分还算不错，1970 年，王迪荣又被选调到了湖北黄石，一待就是 10 年。至 1980 年被调回北京，王迪荣已经晋升到了科长级别。对于自己在职场上的稳步上升，王迪荣说，其实没有其他诀窍，就是老实做事情。这世上不缺聪明人，缺的是埋头做事的踏实人。

1984 年 6 月，王迪荣成了当时公路所桥涵室最年轻的主任。那一年，他才刚刚 40 岁出头。王迪荣坦言，他并非是一个看重官职的人，所以面对这个“官职”，压力大过高兴。如果不是组织上以“党员就要服从组织的决定，起到带头作用”来跟他谈话，王迪荣恐怕很难接下这个任务。王迪荣回忆，那个年代的政治觉悟是很高的，每个人都在用实际行动去实践“成为革命一块砖，哪里需要哪里搬”的誓言，而他，更是用了此后的几十年来诠释了“责任”二字。

1986 年，公路所史上最重要的大工程之一——交通部公路交通工程综合试验场（简称试验场）启动，王迪荣兼任试验场筹建组组长奉命牵头开展工程可行性研究，1987 年 10 月，该工程的可行性研究评审通过，国家计划委员会批复同意立入建设计划，直至 1988 年，工程建设上即将开工，王迪荣圆满卸任。

1989 年，公路所任命王迪荣为副总工程师。彼时，他依旧兼任桥涵室主任，直至 1994 年，王迪荣暂时放下桥涵室的工作，被调到所里，履行副总工和新组建的勘察设计队队长的工作职能。勘测队队长是绝对的辛苦活儿，出差特别多。三年时间，王迪荣参与了 4 条路的勘测设计，涉及海文高速公路、广湛高速公路、津保高速公路、京沈高速公路等国家和地区的重点工程。

1997年前后，公路所机构调整，王迪荣回归桥涵室原职，之后任所副总工程师兼总工办主任和经营开发处处长，除担负日常的技术、经营管理工作外，还负责路桥设计审核、环保评价报告审核、公路所监理公司的现场协调等等具体工作。王迪荣都得一把抓……特别是当时，公路所已经开始鼓励各科室参与市场竞争，大搞市场经济。从只管科研到科研经营并抓，王迪荣的工作更加忙碌，他笑说那是一段“屁股离不开凳子的日子”，一旦起身，也是去外面工作了！

2001年，王迪荣到交通部西部交通建设科技项目管理中心任副总工。这是当时交通部响应国家西部大开发的总体战略方针，在交通行业组建起的一个以西部交通科技项目为主要内容的管理部门。王迪荣主要分管桥和路上的构筑物，以及公路环保项目。王迪荣回忆，当时，西部交通建设总体情况比较落后。部分省市甚至不明这个工作的长远好处，嫌麻烦，不太愿意加入项目体系。为了让各省市更深入全面理解国家政策的深意，王迪荣亲赴部分省市做工作。他意味深长地告诉大家，虽然不搞课题，工程照样可以建设，但是从长远看起来，工程项目科技含量不高，不论是对单位声誉的提高，还是公路建设的水平和质量的提升来说，都是极为不利的。“搞交通，我们要用发展的眼光看待问题！”那几年，王迪荣常常把这句话挂在嘴边。在科技项目管理中心工作的五年，经王迪荣之手立项的交通科技项目过百项。

2003年，辛苦半辈子的王迪荣“熬”到了退休，但三年后的2006年，他又作为老专家被返聘到改制后的公路所道桥部，主要从事桥梁检测评定报告、旧桥加固方案的审核等工作，并一直坚持到现在。

▶ 1997年王迪荣（左一）在虎门大桥工地

◎ 细心教诲　作风强势却是豆腐心

“我是个强势的人”王迪荣说。自己成长的过程里，经历了很多曲折，每一次都是靠自己克服困难，这样的人生经历让他在很多事情上，看不得有投机取巧现象的存在。在王迪荣的观念里，做事情遇到麻烦很正常，但遇事首先是要自己想办法，不能靠等人帮忙，更不能拖着不干。此外，作为领导，面对的常常是各种不同的意见，大家各有立场，谁也无法说服对方，要推动一项工作的进展，他必须有力排众议的果断决策力。

正因为这种太“独立”的性格，王迪荣开玩笑说，还曾经遭遇老领导误解，觉得很多干部有无大事，都喜欢去他那里走动，而王迪荣倒好，什么事都自己“藏”着，也不给上级汇报。后来，知道了老领导想法的王迪荣特意找到老领导，诚恳地解释：“既然您当初安排我这个管理岗位，证明您是相信我有一定能力的。当官不是当名声，是要为大家解决问题的。已经办好的事情，是我分内的事情，我不需要去找您邀功请赏，除非是实在无可奈何的事情，我才会去求助。”简单几句话，消除了误会，也再一次彰显了王迪荣的“个性”。

退居二线的王迪荣坦言，强势了一辈子，他不求得到一句感谢，因为年轻时的“直率”的确曾经多多少少伤到职工们的“面子”，但他特别希望多年后，当大家回首往事的时候，能体谅他的良苦用心。

如今的王迪荣主要从事的工作——桥梁检测评定报告的审查，对桥梁中心来说，依旧很重要。虽然工作态度依旧严谨，但他说，自己的工作方法变得柔和了很多。遇到有问题的报告，他会首先分析原因，如果觉得是年轻人的工作态度马虎导致错漏，他会把人叫过来聊聊天，舒缓一下忙碌工作带来的紧张情绪，并给大家说一说桥梁检测评定工作的深远意义，说说一份报告对于桥梁中心声誉的重大影响……如果的确是专业能力上出现不足，王迪荣更是会根据自己多年累积下的工作经验，非常细致地告诉报告人问题的根源在哪里，下一次如何避免。而且，对于一些比较明显的失误，王迪荣为了保护年轻人的工作自信心，会当面告诉他们，而不是简单地写在评审表上。“虽然该批评还是要批评，但对于年轻人来说，自尊心和自信心是他们工作的动力。报告的错误可以改，可是年轻人对这份工作的热忱却不能被削弱。”王迪荣说。

这几年，王迪荣还保持着每年跟年轻人出差 1 个月左右的习惯。今年他已经去了新疆、青海、内蒙古和湖南等地。“不是我想到处去玩，而是闲不住。而且，桥梁工程其实情况很复杂，有的看上去很容易处理的，也许大有隐患，所以桥梁检测有时候要凭借经验。而我愿意跟大家分享这些年实践累积的经验。”王迪荣说。据其他同事透露，这次国检，大家纷纷“争抢”王迪荣，纵使大家知道跟他在一起可能会挨批评，但更能学真东西。

很多人其实都不知道，在王迪荣的办公室柜子里，放着一批“宝贝”——18 本《桥梁检测评定审核记录》。18 本笔记本，有大有小，有厚有薄，全部手写。字体清秀整齐，评审意见和问题记录有理有据，细致非常。从 2008 年写第一篇记录报告开始，王迪荣已经坚持了7年。他说，只要还做现在的工作，就会一直写下去。

◀1986年王迪荣（右二）赴美国考察

◎ 家人相伴　倔强儿子是他的骄傲

虽然在工作上是强人模样，但对于家人，王迪荣是强硬不起来的。因为和每一个常年奔波在外的桥梁人一样，他深知对家庭的亏欠。

1993年，王迪荣尚在海南参与公路建设的时候，儿子正值高考。因为一次摸底成绩不理想，孩子思想压力非常大，甚至产生了放弃高考的想法。为了不耽误王迪荣工作，妻子瞒了他一段时间，后来看着孩子越来越消沉，才打电话把王迪荣从海南叫了回来。“我不忍心责备儿子，因为如果我在家的话，我可以给他父亲般的鼓励，更可以给他补课，他会好得多。”王迪荣说，好在跟儿子谈心后，孩子最终没有放弃，并在母亲的帮助下，一个月就把成绩提高了 100 多分，最后被北工大计算机学院录取。

似乎是继承了父亲性格里的那股不服输的劲儿，王迪荣的儿子对自己事业的规划非常有主见。按照儿子大学毕业时的情况，王迪荣原本可以通过亲戚关系给他谋得电信系统一份相当稳定的工作，但儿子却选择自己求职。后来，他又从人人羡慕的巨人集团北京科技有限公司销售经理岗位上辞了职，开始自己做生意——倒腾过电脑硬件，也做过网络管理，后来干起了葡萄酒生意。虽然每天早出晚归，但儿子过得很充实，而王迪荣，从不愿意去干涉儿子的选择，只是默默支持他。王迪荣从不担心儿子，他说，人都是环境“逼出来”的，无论成败，只要勿忘初心就会有方向——这是王迪荣希望儿子终能明白的人生道理，更是自己五十年职业之路的智慧精髓。

听前辈讲那过去的事情

——访原交通工程研究室主任王彦卿

王 丹 郭 艳 ■ 安全中心

和王老约好登门拜访的时候，已经临近2015年的中秋节了。那个时节的北京城已经进入到9月拥堵的最高峰，车子在北三环上艰难地挪动。本来约好的是下午3点见面，老先生提前半个小时就已经在小区门口等着我们。当我们由于迟到而满怀歉意地出现在王老面前时，他的脸早已被晒得通红。老先生丝毫没有责怪我们的意思，他大手一挥，招呼着我们上楼。

这位年过七旬却精神矍铄的老人叫王彦卿，是继贾日学、庞曰成之后，公路院原交通工程研究室的第三任主任。在他家那洒满午后阳光的客厅里，我们听他娓娓道来那些过去的事情。在他的故事里，我们看到了老人打满历史烙印的一生，也看到公路院在时代的浪潮里跋涉前行的缩影。

▶ 2015 年王彦卿（左）与作者郭艳合影

往事并不如烟　那蹉跎在文革中的光景

1941 年，当日本鬼子的铁蹄还在中原大地上肆意践踏的时候，王彦卿出生在河南省平顶山市郏县的一个小乡村里。他的童年记忆里至今仍残存着家人为了“躲老日”，而抱着他躲进树林里的片段。1950 年，全国开始了农村阶级成分的划分，只有 9 岁的他被扣上了“地主”的出身。老实巴交的父母在村里毫无政治地位可言，受尽了冷眼和歧视的王彦卿萌生了“走出去”的强烈愿望。尽管在那个年代还没有“知识改变命运”的说法，但是知识还是改变了这个勤学少年的人生走向。有幸得到了哥哥的资助，他来到了河南省洛阳市读高中，并于1961年考取了西安交通大学，成为村里有史以来的第一名大学生。

然而，1966年，在他本应大学毕业之际（笔者注：当时的本科学制为五年），“文化大革命”这场严重的政治灾难已经裹挟着狂风骤雨扑面而来。这位大学生没有按时被分配工作，他和他的同学们一样留在了校园里参与运动。在焦急等待了一年之后，王彦卿在就业意向表中填下了“北京”的字样。命运还算眷顾这个年轻人，他如愿以偿地分配到了北京，来到了交通部科学研究院公路所工作。当时的交通部有三个直属科研院所：交通部科学研究院、重庆分院、西安科学研究所。交通部科学研究院又分了三个所，即公路所、水运所、情报所。交通部科学研究院公路所正是如今公路院的前身。

1967年，王彦卿来到了位于北京市海淀区蓟门桥东南角的院子里报到。起初，他被安排到了公路所道路室工作。在道路室工作了不到一年，由于桥涵室更需要数学运算，所以大学里学的是数学专业的他就被调到了桥涵室工作。这个时候，文化大革命的势头已经愈演愈烈，交通部也已设立了“中国人民解放军交通部军事管制委员会”（以下简称“军管会”）。这个对于工作摩拳擦掌、跃跃欲试的年轻人还没有意识到，自己离下放的日子也不远了。

1969 年 10 月，为响应国家号召，按照军管会的部署，公路所的全体职工先后被下放到湖北省阳新“五七干校”和河南省漯河“五七干校”锻炼。对此，老人还调侃道：“不知道当年公路所有没有留看大门的，反正科研人员都被下放了，谁都不知道会被下放多久，也不知道日后还有没有机会回到北京。”虽然对于未来充满了迷茫，但是当时思想单纯的公路所人还是敲锣打鼓地去了。公路所的科研工作也从那时起陷入了全面停滞的状态。

在“五七干校”下放的日子里，王彦卿和公路所的同事们在一起，每天干的都是种田、采石、砌墙之类的体力活儿。对于在农村长大的他来说，干农活倒是一点也不会犯怵。在农活之余，大家就凑在一起开会，学习一下中央最新的文件。这样的日子什么时候才是个头儿，谁都不知道答案。这群本该把青春和汗水挥洒在交通科研一线的知识精英们，就在日复一日的农活中蹉跎着自己的光阴。

1971 年，中央的政策开始松动，陆续有单位开始重新分配工作，大家也开始思考自己的出路在哪里。当时，军管会的领导提议将王彦卿分配到宜昌港口机械厂。王彦卿拒绝了，他说他还是想回到北京，回到公路所去。这一等就等到了 1974 年，王彦卿终于回到了北京，回到了公路所桥涵室。

◎ 百废待兴　把荒废的岁月找补回来

1973 年，邓小平同志主持国务院工作之后，开始了一段拨乱反正、治理整顿的时期，各行各业的工作都有一些新的起色。此时，原四机部部长（相当于现在的工业和信息化部部长）给国务院写了一封信，建议使用先进的电子技术管理交通，中央对此进行了批复。根据中央的批复，交通部、公安部、四机部、邮电部组织了工作组，由公路所牵头组织实施实验项目。1973 年 8 月 6 日，国务院批复同意由北京市政府呈报的《首都交通自动化工程》立项。这就是北京市前三门（崇文门、前门、宣武门）交通控制试验项目，人称“7386”工程。根据工作需要，交通部成立了一个机构，就是交通部公路所标志信号及设备研究室（以下简称“号志室”）。这就是安全中心最初的起源，也是中国第一家全方位从事交通工程、交通安全研究咨询、产品开发的单位。

就在王彦卿回到北京后没多久，时任号志室主任的贾日学找到了他。在 20 世纪 70 年代，我国的城市交通红绿灯还完全靠人工来控制。交警除了要上街挥棒指挥交通以外，还要在岗亭里研判交通流量，靠手工来操作红绿灯。这种人工控制方式既浪费了大量的人力和物力，还大大降低了道路的通行能力。号志室成立之后，要做的一项重要研究就是城市平面交叉路口交通信号机的研制。由于王彦卿在大学里学的是数学，而且是那个年代难得的计算机人才，所以在贾日学求贤若渴的诚意邀请之下，他调入号志室工作。

1974 年的号志室分为计算机和总体控制组、信号机组、检测器组、通讯组，全部算下来也就十几名员工。王彦卿当时从事的就是总体控制研究。王彦卿和同事们翻阅了大量的英文和日文文献，把信号分为红、黄、绿三个相位，他们在当时提出的“绿信比”“相位差”等概念一直沿用至今。1975 年，我国首台城市平面交叉路口交通信号机研制成功，并在北京市北太平庄路口进行试验。如今，自动化控制的红绿灯安装在城市各个道口上，已经成为疏导交通最常见和最有效的手段。而这一切，都源自公路所号志室全体科研人员当年的努力。在 1973—1979 年，在这六年时间里，号志室先后研制成功了地磁式车辆检测器、SCJ-1 型交通专用数传机、GY-1 型感应式信号机。

顺势而为　勇敢转战高速公路领域

1979 年，“7386”工程接近尾声，城市交通也收归公安部管理。下一步的走向成了摆在号志室面前的一道难题。朝哪个方向走？走到哪里去？几经权衡之后，号志室选择了完全陌生的高速公路领域。据王彦卿回忆，当年做出这个抉择现在想来还是有些盲目的，因为当时中国还没有高速公路，更没有“交通工程”这个概念，但是大家在当年选定了这个方向，就齐心协力地走了下去。好在“六五”攻关期间有做疏港公路的经验，大家在原有经验的基础上尝试做交通工程。1984年，号志室改名为交通工程研究室（以下简称“交工室”）。

1986年，国家开始实施“七五”科技攻关计划，王彦卿是交工室的攻关组长。“七五”攻关期间，交通工程室要重点开展的就是高速公路监控、收费技术的研究。而在此之前，王彦卿也只在法国见过高速公路。在中国如何设计高速公路，谁心里都没有个清晰的思路。王彦卿和同事们搬出了大堆的国外资料，在学习国外经验的基础上结合中国的实际情况，需要什么设备，就设立一个专门针对这一设备的工作组。当时总共分了8个工作组，就连控制中心的地图板都要有专门的组去研究它。就这样积跬步而至千里，促成了中国最早的一批高速公路——广佛高速公路和沈大高速公路的设计工作。在“七五”攻关期间，王彦卿和他的团队以广佛高速公路和沈大高速公路作为实施现场，研制了高速公路监控系统的控制中心和外场设备，研究了高速公路交通控制理论。可以毫不夸张地

▲1990 年“七五”攻关项目鉴定会上王彦卿进行汇报

讲，此后中国的高速公路监控系统的模式都是依照这一研究成果而来的。

与此同时，关于交通安全的研究也进入了科研人员的视野。在“七五”攻关期间，交工室开创性地开始了交通安全的研究，中国的第一部关于道路交通标志标线的国家标准也在这一时期发布。

◎ 转换思路　全面迎接市场挑战

1986 年，公路院按照交通部的部署，在全院推行技术经济责任制。交工室也从那时起开始取消事业费，实行独立核算、自负盈亏。这意味着，科研不再仅仅是闷头做技术，还要面向生产第一线，在市场中实现自身的价值。与以往单纯做纵向科研项目相比，交工人感到肩上的责任更重了，也感受到了来自市场的无形压力。加之六年后中国公路工程监理公司的成立，结束了交工室此前在交通工程领域多年来一花独放的局面，如何守住在行业的领先地位成了摆在交工室面前的一道全新命题。

进攻就是最好的防守。已是交工室主任的王彦卿带领着同事们及时转化思路，调整定位，主动迎合市场需求，化压力为动力，在市场竞争中打出了胜仗。沪宁高速公路位于经济发达的长江三角洲，本身交通量就很大，再加上江南地区的水网和丘陵地貌造就了十分复杂的气象条件，大雾和冰冻严重影响着车辆的通行安全。在当时，受通信条件的限制，紧急电话系统是高速公路交通工程的一个重要组成部分，可以为驾乘人员提供直接的、及时的救助。沪宁高速公路就是当时应用紧急电话的一条高速公路，紧急电话的研制和布设工程由交工室承接。为了保证工程的质量，年近六旬的王彦卿亲自坐镇，在工地上和工人们同吃同住，一直等到工程结束才回到了北京。此后，两三年的时间里，王彦卿更是亲自坐镇，参与了包括广靖锡澄高速公路在内的多项工程的实施。他的这一行动赢得了业主单位的信任，王彦卿一出现，业主单位就像吃下了工程质量的“定心丸”。

年纪那么大了还亲自坐镇，不少人为王彦卿的工作态度竖起了大拇指。他却不以为然，他觉得在哪里都是工作，不存在辛苦不辛苦，也不存在牺牲不牺牲。老一辈的公路院人就是这样，没有白天和黑夜，不分工作日还是休息日，不管是在办公室还是在工地，只要工作有需要，他们总能第一时间冲上前去。也正因为如此，公路院的优秀才得以延续了整整六十年。年轻人唯一能做的就是，继承老前辈们的作风并将这种优秀延续下去。

当问及对现在的年轻人有什么建议时，王彦卿说："我希望年轻人都要务实，我们的立身之本就在这里。公路所之所以全国有名，出了那么多的专家，这些专家提起来别人都知道，专家说的话别人都信服，是为什么？如果没有科研项目一代一代传递下来的基础，我们也没有发言权。在科研的道路上，我们要不厌其深，越深越好。我们迈出一步，就要超别人一步，到这种程度，别人才会心悦诚服。年轻人要有这种志气。"

足迹

科技攻关出成果 体制改革激活力

姚震中 ■ 公路院原院长

时值我院六十周年华诞，全院上下喜看六十年以来取得的喜人成绩，回忆历代公路人奋力拼搏的征程，不禁心潮澎湃，思绪万千。曲折的历史变革和发展历程值得我们细细回味和认真思考，以求获得新的创新动力，补齐短板，加速发展。

国家“六五”“七五”“八五”时期是我院科技自主创新能力逐步提高的主要时期。以“疏港公路关键技术研究”这一“六五”国家科技攻关项目的执行为标志，公路院作为公路交通科技领域的国家队重新获得维系和确认，并在后续“七五”“八五”期间得到逐步提高和专业的全覆盖。在此时期，一大批应用技术开发取得了优异的成果，一大批具有自主知识产权的产品获得试验研发的前期成果，一大批应用基础研究项目得了后期应用开发。同时，以桥梁专家曾威为代表，公路院拥有一大批的各专业全国知名专家，如沙庆林、沈金安、楼庄鸿、王彦卿、谢经纬、杨道荫、温品文、朱学文等。

在专业方面，以“半刚性沥青路面修筑技术”为代表的道路技术，为我国高等级公路的修建走出

◀ 2003 年，为感谢公路所在抗击非典工作中的贡献，时任北京市交通委员会副主任刘小明向姚震中所长（右一）赠送福鼎一座

了一条自主创新之路；以“旧桥加固”为代表的桥梁技术研究的启动，奠定了我院旧桥加固成套技术的发展基础；以“京津塘高速公路交通工程设计”和“7386”工程为代表，奠定了我院交通工程技术应用的基础；以“不解体检验试验台研制”项目为代表，奠定了汽车运用技术的基础；同时，研发了大批具有自主知识产权的装备，如汽车用转子发动机、交通工程路用多种检测信号机、路用摊铺机、道路试验用仪器等。

这15年值得我们好好分析一下，为什么在科研环境十分落后、人员收入分配一般只有几十元差距的条件下，能有这么多成果产生？归纳起来，原因无外乎以下几点：六七十年代的科技前期研究和积累，搭上了我国大力发展高等级公路和强化国家科技攻关平台投入的快车；研究人员的动力来自于职业兴趣和责任，而非来自于金钱刺激手段（1984年才开始执行课题结余可个人提成1%）；注重自主创新（因没有其他出路）和科学试验，虽然手段落后但可信度高；政府有强有力的导向和指令要求保证项目实施；由于课题均来自于政府、行业急需和共性需求，所以体现出为政府服务的力度大。

这15年发展的实践证明，科技创新尤其是具有自主知识产权的科技创新，与科技政策和社会环境具有极强的相关性。

“九五”“十五”时期是我院争创一流院所打基础的重要时期。我院实质意义上的改革应是从“九五”开始的，主要反映在对原有科技体制和机制进行逐步冲击，针对“八五”以前沿用的苏联科技体制进行了变革，同时在部党组的指引下，明确了奋斗目标，认真做好发展的基础工作。

1985 年 3 月，《中共中央关于科学技术体制改革的决定》发布后，我院进行了“拨款制度”的改革，试行了课题核算制，摸清了家底。一个 400 多人的科研所（科技人员仅 300 多人），1985 年扣除应收应支，当年仅有 70 万元的自有资金；每年基本建设国拨资金从 20 万元到 300 万元不等；实验室装备老旧，解放前的材料压力机还在使用；机关在平板房办公；体制上刚刚恢复成为部直属正局级科研单位。

为了生存和发展，公路院开始试办科技企业（在深圳试点），并成立以姚震中、吴爱友、王迪荣为成员的改革三人小组。路桥、汽运等研究室从课题核算制发展到课题承包制。交工等研究室维持了研究室统筹体制，并从单纯科研转向科研、设计、工程一体化。兴办了诚达、海伟两个二级独立法人公司，大力推进市场化进程。这样的状态延续了十多年。从效果看，存在着两个方面的不足：一是由于事企不分带来一些管理上的问题；二是由于企业体量小，回报不理想，效益虽然基本解决了院的生存问题，但多个公司基本上是年收入仅几百万。

可以说“九五”“十五”期间是我院进入市场的爬升期。公路院发展路径不是十分清楚，后续发展动力严重不足。在这关键时期，部党组把我院留在直属系统的重大决策给我们带来了新的生机，尤其是2002年春天，张春贤副部长代表党组来院调研时指出我院“两强、两中、一弱”的现状和建设一流科研院所的奋斗目标，大大鼓舞了公路院全体同仁。

从2002年下半年开始，我院开展了以事企分开为切入点、以提高“三个能力”为导向、以国际一流院所为奋斗目标的体制改革：理顺科学研究、科技开发及应用的法人治理结构，事企分开，院办企业实行独立法人制、独立运作，提高市场竞争能力；把设计、工程和产品从研究中心剥离出来，成立专业公司；研究中心主要从事应用基础研究、应用研究、咨询、检测等业务；制定“十五”发展规划，明确国际一流院所奋斗目标；实行科研、开发绩效考核制；严格合同管理摸清家底，监控资金流动，堵塞财务漏洞；全面修订完善规章制度，提高院机关管理和服务能力；开启院自筹资金向示范项目的投入；培育安全、智能、物流、养护多个研究中心；完善智能、道桥、安全、汽车性能、环保、实验装备，逐步形成配套能力；加大行业和国家工程技术研究中心、国家级检验检测机构的平台的申报和建设，完成办公大楼的申报启动建设；完成所改院的申报，并获得部批复。

这一轮改革，在夯实基础、聚集发展动力、搭好发展平台上取得了实效。从科技创新成果看，道路运营管理技术（包括智能交通、物流、汽车运用、道桥养护）取得了突破性的成果，成为体现公路院技术优势的主要技术方向之一，并具备了持续创新的发展能力。从人才队伍看，事业副高以上人才从136人提高到204人，正高从11人提高到36人。全院高级研究人才总量提高到1995年的一倍左右。涌现出王笑京、潘玉利、付智、张劲泉等一批国内知名专家。从具体技术成果看，智能交通技术、旧桥加固成套技术、道路长期使用性能技术、道路养护技术、交通安全技术、车辆运行性能技术、公路交通检测技术，成为我院在国内外有影响力的自主创新技术。从应用基础研究项目看，数量逐年提高，智能交通标准已参与国际同台研究制定。从纵向科研经费规模看，国家和部投入的经费数量稳定在五千万元左右，在科技开发中的占比有所提高。从市场竞争力看，得到较大提高，改变了职工收入较低局面。2006年事业总收入近6个亿。从基本建设规模看，“十五”国家向院投入21676万元，年均4000万左右。

国家科技攻关 公路所腾飞的翅膀

张元方 ■ 原公路所副所长、国务院参事

1989—2000年是我从研究室调到机关从事科研管理工作的第十二个年头，也是公路所开展国家科技攻关的主要年份。在院庆60周年之际回顾这一段历史，很有感触，值得深思。

进入了“国家队”的行列

我认为衡量“国家队”的标准有二：一是担当性，二是先进性。

1989—2000 年跨越了“七五”“八五”“九五”三个五年计划，国家为公路交通领域分别设置了三个科技攻关项目，“七五”国家科技攻关的“公路运输技术发展”、“八五”国家科技攻关的“高等级公路混凝土路面施工机械与路用材料的研究”、“九五”国家科技攻关的“国道主干线设计集成系统开发研究”。通过科技攻关，给我国公路交通事业从普通公路向高等级公路、高速公路发展提供了坚强的技术支撑，适应了公路交通科技从工程技术、设计技术延向管理技术、信息技术的技术需求。

◀ 碾压混凝土广西试验工程

这三项科技攻关项目中共设置了40个课题，涉及沥青路面、水泥路面的结构与材料设计、施工工艺与装备、检测设备与养护管理，航测遥感勘查技术与路线、桥梁、交通工程设施的计算机辅助设计及集成系统，公路通行能力与投资效益分析研究。在这40个课题中公路所主持了25个课题，参加了3个课题，占课题总数的70%，有很不错的担当性。在主持与参加的28个课题中获交通部科技进步一等奖6项、二等奖6项、三等奖11项，获奖率达82%，在此基础上再获国家科技进步二等奖5项，同时也具备了很好的先进性。公路所成了公路交通科技领域国家队的重要成员。

◎ 培养了队伍与作风

通过三个五年计划的国家科技攻关，形成了公路所的科研梯队。

首先确立了沙庆林、沈金安、杨久龄、王彦卿等一批老同志在行业中的领军地位，成了道路结构、材料以及交通安全、交通控制领域的权威；其次，出现了如曾沛霖、蔡正咏、李世绮、陈海安、郭诚、曾友南、杨光、何玉珊等一批学科带头人，主持着某个领域的科学研究工作；第三，按照所里培养年轻技术人员的方针，有意识地让年轻同志担当重任，培养出了一批年轻的研究人员，如牛开民、刘清泉、付智、李福普、吕建鸣、潘玉利、周荣贵、边庄力、呼六福、李丁、何勇、李爱民等，现在他们已成为公路院的顶梁柱，活跃在各个科研与管理岗位上。这是国家科技攻关的又一重大成果。

在科技攻关的过程中，在老同志的带领和年轻同志的共同努力下，传承了我所传统的严谨科研作风，研究人员亲自蹲工地、做实验，做到心中知情况、脑中有数据。特别是遇到难题时，课题组发挥团结协作精神，群策群力、试验引导、数据说话，突破了无数难关，保证了攻关工作的顺利开展。这也是公路所除研究成果外的另一项宝贵财富。就是在这种作风的带领下，国家科技攻关取得了丰硕的成果，公路所受到交通部的表扬，以牛开民、付智为代表的研究人员被国家计委、财政部、科技部授予有突出贡献的研究人员称号，并在人民大会堂受到中央领导同志的接见。

◎ 创建了优势学科领域

三个五年计划的科技攻关成果丰富、深化了公路交通科技体系，适应了公路交通从普通公路建设向高等级公路、高速公路发展的需求，实现了公路交通科技领域从基础设施建设向交通流管理的延伸，使公路交通科技体系更加完善、实用。

与此同时公路所在路面结构、养护管理、交通控

▲ 视察横向力测试车厂家

制领域确立了在行业中的引领地位。所研究的半刚性基层沥青路面、重交通沥青与混合料设计成为了我国高速公路建设初期的主流技术，得到广泛的应用，支撑了高速公路的发展；所研发的自动弯沉仪、路面平整度仪、横向力测定仪与路面评价技术集成，形成中国的路面养护管理系统，使养护计划的制订从“拍脑袋”转向“科学化”，该系统在全国推广应用，并受到国际同行的关注；所开发的高速公路安全设施、监控、收费系统已成为我国交通工程领域的主体技术，随着《公路通行能力手册》的完成，完善了交通流理论的研究，成为交通规划、设计、评价的依据。上述成套技术已纳入我国公路交通科技体系之中，并以此为基础，不断完善、延伸，引领与支撑着公路交通事业的发展。不仅如此，还有多个单项技术，如水泥混凝土路面滑模摊铺技术、碾压混凝土修筑技术、高密实度摊铺机、动态称重仪、桥梁检测设备等，均在生产实践中得到应用，部分成果成为制修订标准规范的基础，在行业的技术进步中发挥了积极的作用。

回顾公路所参与国家科技攻关的全过程，可以说：国家科技攻关，给我们插上了腾飞的翅膀！

艰苦创业 自强不息

——交通工程研究室建室历程回顾

杨 光 ■ 北京交科设计院原总工程师

1973 年，原第四机械工业部王诤部长（中将）在国外考察时看到发达国家早已采用电子计算机实现了城市交通信号的自动控制，而我国还处于交通警察手动控制交通信号的状态，深感我国已远远落后，于是在 1973 年 8 月 6 日写信建议学习国外经验开展城市交通自动控制的研究。

当时的北京市革命委员会响应了这一建议，经报国务院批准北京市科委立项开展首都自动化交通控制研究项目（又称“7386”工程），并邀请交通部科研单位参与。时任公路研究所领导的刘以成、吴圣铎、曾威等前辈敏锐地看到这将是公路所一个新的发展领域，毅然接下这个任务，于是交通部科学研究院成为“7386”工程领导小组组成单位之一，且为技术组负责单位。公路研究所也开始筹建与之相关的电子计算机和公路标号志专业。

1974 年中国第一个城市交通自动控制工程项目——首都自动化交通控制工程（又名北京前三门大街交通信号自动控制工程或“7386”工程）开始启动，承担单位是交通部科学研究院（总体）、北京市公安

▼参与“7386”工程的公路所交工室部分人员与北京邮电学院、北京市公安交通管理局人员在讨论技术方案（前排左一马守炎、左三李海渊，后排左一杨光、左三李纲）

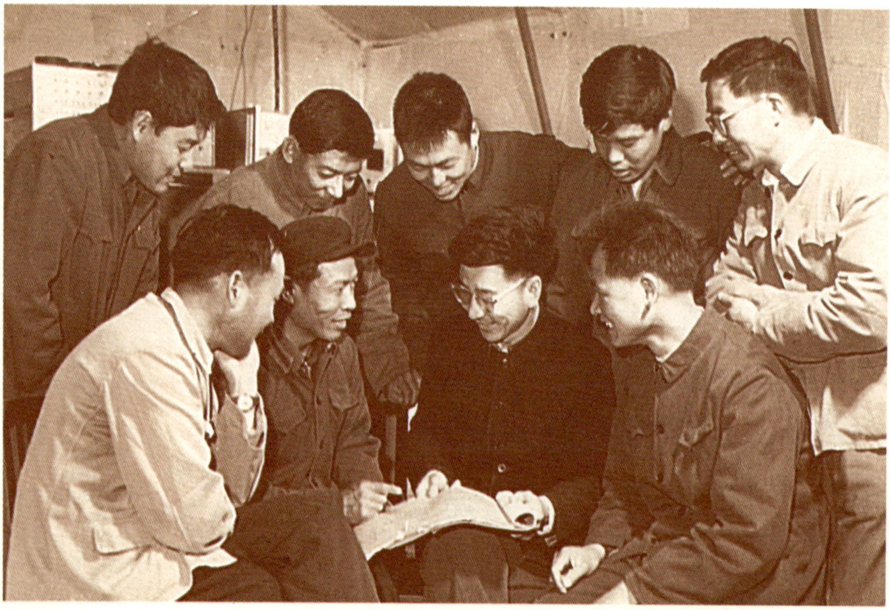

局交通管理处；协作单位有北京邮电学院（数据传输机）、四机部六所（通信控制器）、武汉大学（闭路电视）；试验现场选在北京市前三门大街，最后落实在前门西至象来街共4个路口。

以此为契机我国第一家从事交通工程研究、咨询、产品开发的单位——交通部公路科学研究所标志信号及设备研究室（简称标号志室）于1974年正式成立，贾日学、徐爱民为负责人。

成立之初标号志室人员极为匮乏，经多方努力也只有刚从干校返回不久的臧中华、高胜辉、韩五全、吴健华、狄原渡、陈士哲和郭诚福（电工师傅）等人。那时，他们在一起常常自嘲为“七八条枪”（注：出自当年的革命样板戏沙家浜里胡传魁的一句戏词）。而由于文化大革命的影响这些技术人员已经多年没有接触技术工作了，所以当机会到来时个个都以百倍的热情投入到工作中来。当时人们对交通自动控制一无所知，标号志室的同志们几乎踏遍了部属和北京市的资料室和图书馆查阅国外资料，在查询资料的同时信号机组也开始动手研制最基本的设备，并于1974年研制出了中国第一台平交路口单点定周期交通信号机、感应式交通信号机和地磁式车辆检测器，并开始在北太平庄交叉口（当年是丁字路口）进行试验。

1975年初铁道科学研究院和交通科学研究院再

度分开，交通部批准公路所增加十名交通自动控制科研人员编制，并从所内和湖南交通科研所、西安公路研究所引进和借调多名电子、自控、计算数学等专业技术人员后，人员匮乏的情况才有所改善。笔者也是在这年作为十名交通自动控制科研人员之一参加到标号志室的队伍中来。

标号志室成立初期的办公条件十分困难，由于当时铁道部的电务总队还没有搬出大院，公路所也只能挤出北楼二楼的一间办公室给标号志室作计算机机房，在此情况下标号志室没有坐等，也没有丝毫怨言，大家齐心协力发扬革命精神，自己创造条件。记得当时贾日学主任不知从哪儿弄来一车木材，领着大伙儿就干了起来，吴健华在干校学了一手木工手艺就承担起制作门窗的任务，我则干起了抹灰和小工的活儿，总之大家七手八脚硬是自己动手在院内的空地盖起了三间简易平房。以后又在院西北角（现蓟门桥东南匝道的位置）搭建了二层简易房（工棚），这才基本解决了人员办公场所的问题。

就这样，标号志室的老同志们不断克服难以想象的困难开展工作，总体组根据《北京市城市交通自动控制方案（草案）》提出了计算机集中控制的线控制系统（又称绿波带，意为把一条干线道路的多个交叉路口的信号机联动控制，以优先保证干线交通流一路畅通）的总体技术方案，各参加单位得以根据总体技术方案开展研制工作。

当年使用的计算机是国产 DJS130 计算机（继电子管、晶体管计算机之后属第三代计算机，使用小规模集成电路。磁芯存储器式内存仅有 32kB，后扩到 64kB，没有外部存储器），外围设备仅有字符显示器及键盘、穿孔纸带光电机、纸带穿孔机、宽行打印机等；使用汇编语言。出厂时计算机的平均无故障时间只保证 50 小时，需要专门配人进行维护才能工作。笔者是电子计算机专业的，来到标号志室后安排参加总体组工作，并和高胜辉一起负责计算机的维护工作，那时的维护是要自己判断机器故障并进行元器件级更换的。

当年 DJS130 计算机要 50 万元一台，公路所拿到“7386”工程的一部分科研经费，为这个项目配置两台计算机花去了 100 万元，这在当时可是个天文数字啊，我俩接受这个任务压力之大可想而知。为了尽快掌握计算机技术我们坚持去清华大学旁听计算机系的课程，去北京无线电三厂向生产车间的师傅请教，经过一段时间的努力我们已经把这台计算机的电路全部搞通，为以后的维护工作打下了坚实的基础。

由于采购来的集成电路芯片质量不能保证，开始的时候常常刚更换完不久就又坏了，没有办法我们只得自行开发集成电路测试仪，将集成电路芯片先进行一轮筛选以保证维修质量。后来又发现计算机在夏季器件故障率比较高，经分析是国产器件封装不好，夏季湿度大，器件容易受潮失效。于是我们在计算机机柜下面装了几个大瓦数灯泡，在计算机关机休息时用灯泡加温除湿。这一招果然管用，此后故障率大大降低了。由于那个时代计算机技术的限制，器件失效、电路虚焊等故障很多，故障现象五花八门，查找起来十分困难。为此我们摸索出一套诊断经验，如机器故障时依次轻轻敲打各块电路板来查找故障位置等。由于电路虚焊产生的故障时有时无，很难捕捉，有一次为了等待故障出现我们竟然在机房蹲守了一个通宵。类似这样的事情不一而足，今天看起来已经是不可思议的了。

控制系统的外场设备如地磁式车辆检测器、二次谐波式车辆检测器、灯泡矩阵式可变限速标志、交通信号机等都是标号志室自主开发研制。地磁式车辆检测器是看到一本美国杂志上介绍德国第二次世界大战用来检测坦克的资料受到启发开发而成的，二次谐波式车辆检测器是在访问一家为海军研制装备的单位，看到一款探寻水下潜艇、水雷的探测器受到启发开发而成的。数传机、通信控制器及道路监视用闭路电视则由其他单位负责研制。

由于当年国产电子器件质量低劣，系统的抗干扰能力也很差，给系统开发和调试带来了极大困难，开始的时候系统连几个小时的稳定工作都做不到。但是参战人员毫不气馁，开动脑筋找问题想办法改进设备，到了关键时期甚至日以继夜的奋斗在试验现场，经过坚持不懈的努力，整个系统最终可以达到无故障连续运转二三个星期甚至一个月的时间，基本保证了试验的正常进行。这一全部国产化的联机实时控制系统在当年达到了较高的技术水平，受到业内一致好评，并多次在计算机应用交流会议上介绍经验。

“7386”工程从1974年开始启动，经历了艰苦的研制生产和实验过程，到1978年3月开始在前门东至象来街（现为长椿街）的现场安装（控制中心设在前门东的北京市公安局大院的板房里）。为了避免影响交通，安装工作安排在夜间进行。从3月到5月的两个多月时间里标号志室几乎全体成员都集中到了安装现场，一到开工时间男同志就各就各位，有的手持机具在路口水泥路面上开槽打眼，敷设车辆检测器和引线；有的在高车上架设各类通信线缆；还有的爬到电杆上安装可变限速标志等设备，好一番生龙活虎的景象！女同志则默默承担起后勤任务，在现场准备好热气腾腾的包子和热粥。那时的标号志室真是一个团结奋斗的战斗集体！

1978年5~11月系统进入正式试验阶段，开始的时候试验很不顺利，除系统故障外，各路口信号机配时也颇费了相当长时间进行摸索才逐渐趋于合理。最终试验证明在当时复杂的混合交通流、车辆行驶性能差异较大及效率低下的六种信号灯色规则（包含四个单向黄绿灯色）等不利条件下，采用计算机集中控制

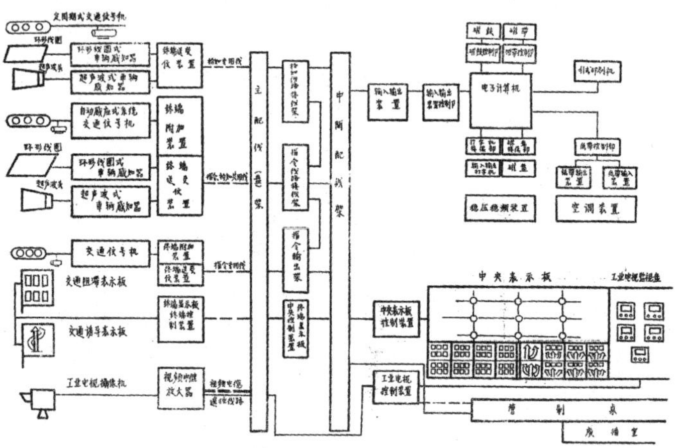

▶ 北京前三门大街交通信号自动控制系统方案总图

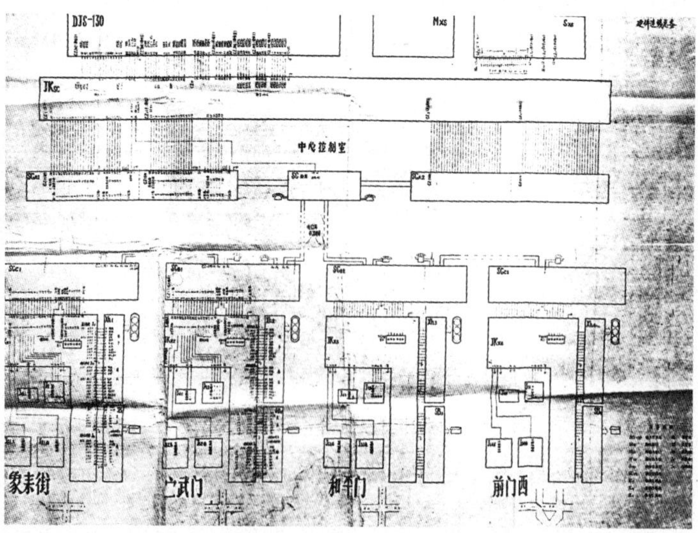

▶ 北京前三门大街交通信号自动控制系统硬件总图

的线控制系统仍然比人工控制显著提高了效率：车辆在路口等待时间减少了 36%，全线平均旅行时间减少 8.8%，平均速度提高约 10%，干线停车率减少 11%，交叉路口总停车率减少 5% 等。

▲ 地磁式车辆检测器使用说明

“7386”工程不仅证明了城市交通自动控制的可行性，也为交通综合治理以及交通信号灯色规则的改进提供了思路和依据。

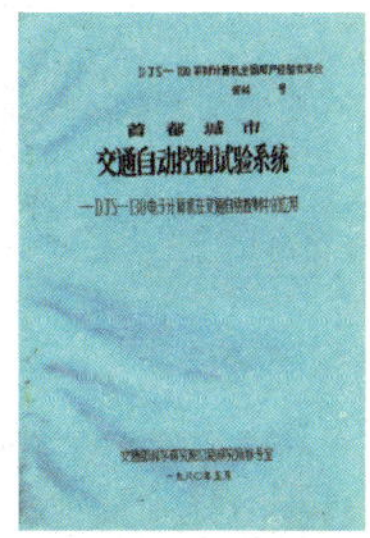

▲ 交流资料

20 世纪 70 年代后期道路交通领域一门新兴的学科——交通工程学开始引入中国，作为交通工程的第一个实验项目的“7386”工程在北京的成功开展，使人们第一次接触到了这门新兴学科和新的技术，“7386”工程在中国的交通工程领域具有开拓性的里程碑意义。这个工程为中国培养了一批交通工程方面的技术人才，从此交通部公路科学研究所的标号志室（1983 年改名交通工程研究室）和北京市交通管理局的交通工程研究所就都以 1973 年 8 月 6 日作为建室（所）纪念日了。

“7386”工程之后，交通信号自动控制的研究和工程在全国各主要城市迅速开展起来，公路所标号志室成为了这一领域的领军单位，并亲自参与了天津、武汉、广州等城市的交通信号自动控制项目。

1980 年交通部科学技术局在天津召开交通自动控制设备技术鉴定会，标号志室开发的约三十多个设备和控制软件提交鉴定，其中王彦卿等开发的城

▲探地雷达

▲测速雷达

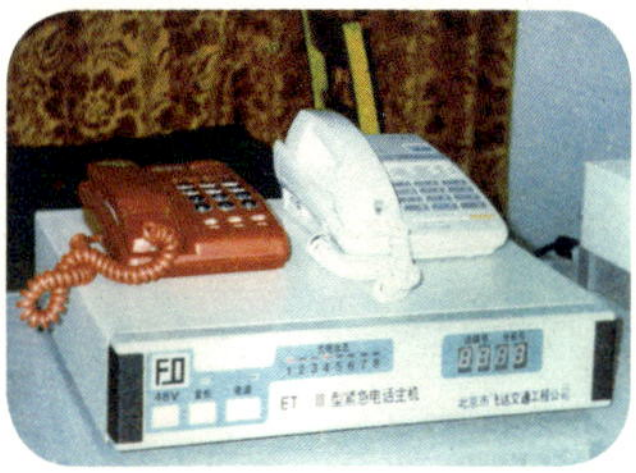

▲III 型紧急电话系统主机（沪宁高速公路）

市交通控制点线控制参数计算方法及 DXK-01 计算机程序、吴健华和高胜辉等开发的 GY-1 型感应式信号机和线控制信号机、付玲勋等开发的 CSP-1 型超声波车辆检测器、杨志刚等开发的 LM-01 地磁式车辆检测器、郝劳得等开发的二次谐波车辆检测器等多项成果获奖。

1982 年冯陆奎等开发了测速雷达，后与北京昌平北方自动化仪器厂组成北方交通工程科研生产联合体，产品得到大面积推广；王笑京主持开发了探地雷达；颜静仪等开发了三可变情报板；韩文元、安玉宏等开发了 LED 可变限速标志；吴健华和庞恩强

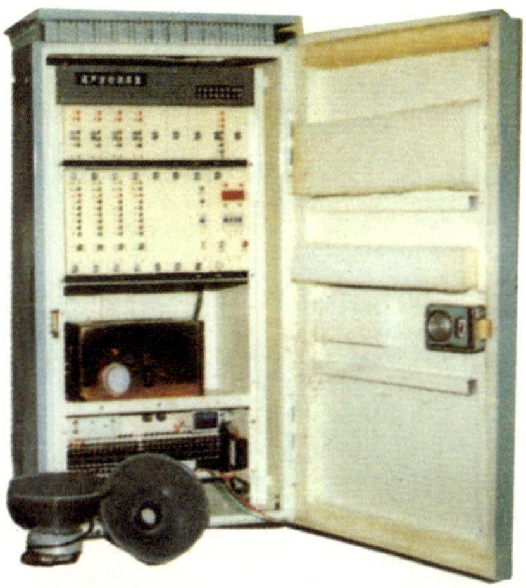

►超声波车辆检测器

▲三可变情报板

▲LED 可变限速标志（沈大高速公路）

▲II 型紧急电话（沈大高速公路）

等先后主持开发了紧急电话 I~IV 型产品，产品研发和生产延续至今。

20 世纪 70 年代后半期至 80 年代标号志室在艰苦的环境中诞生和成长，不仅取得了累累硕果，培养了一批交通工程领域的人才，更为可贵的是全室在贾日学主任的带领下形成了不惧艰险、勇挑重担、不求名利、团结奋战、忠于职守、爱岗敬业的革命和职业精神，这种精神在日后的交通工程研究室不断发扬光大，成了交通工程研究室发展极为重要的精神支撑。

后记：谨以此文献给已逝的领导、同事及战友，贾日学、徐爱民、臧中华、郭诚福、冯陆奎、付玲勋、杨久龄。

为我国筑路机械现代化而奋斗

——原公路所筑路机械室专家访谈

吴智山　田士强 ■ 路兴公司

筑路机械装备研发制造，在我国经过几代人几十年的辛勤努力，实现了从无到有、逐步完善和创新发展的过程。目前，已形成了包括科研、开发、生产、教育、管理等完整的筑路机械装备行业体系，已成为我国高速公路建设质量和效率的重要保障条件。

交通部公路科学研究所原筑路机械研究室，是我国筑路机械装备行业的主要研究机构，从事筑路机械研究开发有近40年的历史，多年来承担了交通部、国家经济贸易委员会、国务院重大装备办公室等相关部门的多项重点科研项目，取得了约30项科研成果，其中，获第一届全国科学大会奖两项，国家科学技术进步三等奖两项。这些成果及时形成产品，在全国范围得到推广应用，为我国筑路机械现代化施工作出了贡献。

值此院庆60周年之际，我们认真地回忆总结了我国筑路机械行业的发展历史。在准备这份回忆材料时，我们走访和邀请了一些熟悉筑路机械历史的老同志参与,他们有的年过八旬,有的仍以充沛的精力返聘在岗,也有的退休后在家安度晚年，而对于这份历史材料却抱着满腔的热情，郭诚、王有森、朱文天和曾友南等我院老一代筑路机械专家，真实地介绍了筑路机械室各个时期的情况与背景、发展历程、援外建设、人物和轶事，尘封的记忆成为我们完成这份材料弥足珍贵的内容。在追忆往事的过程中，我们还尽力搜集了一些研发成果的老照片，附于材料中相应的文字部分，以展现了我国筑路机械行业逐渐发展的奋斗历程。

新中国成立初期我们国家一穷二白，没有一台像样的筑路设备，公路工程基本上是依靠人工铺筑与维护，往往需要举全国之力进行修路建桥，修筑的都是低等级公路、沙石路面。为了修通一条公路，大批筑路工人带着铁锹、铁镐，扛着扁担、箩筐上阵，他们背井离乡、风餐露宿，条件十分艰苦。正如曾友男研究员所说，当时，人们戏称修路大军为“97100”部队——“一把锹、一把镐、一根扁担、两个筐”的形象称呼。

20世纪60年代初，我国筑路机械的开发应用开始起步，由于那时我国仍处在西方国家严密封锁之中，技术信息十分封闭，工程机械技术人员是在十分艰苦的条件下进行研究和开发工作的，那时的产品设计连样机也无法提供，技术人员往往只是凭着几张照片或看到的机械外貌，琢磨着进行设计。王有森研究员回忆起当时这么一件事：1964年左右英国第一次在中国举办工业展览会，展出了一台履带推土机Challenger33（挑战者33型）。其新型的外貌引起了轰动，业内的人士竞相去北京展览馆观看、拍照。展览结束后，这台设备卖给了中国，被送到宣化工程机械厂进行研究，这大概是开创了我国引进筑路机械进行研究的先河。

▲Challenger33（挑战者33型）

这种设备由机械厂家进行设计、制造，虽然时间缩短了，但是缺少理论指导和性能试验研究，实际上从样机到成熟产品仍需要经历3～5轮的修改，否则就像照猫画虎，相差甚远，总的试制周期也很长，成本较高，往往仍难达到令人满意的效果。为了缩短筑路机械的研发周期，提高创新产品的开发水平，20世纪60年代中期，交通部公路科学研究所筑路机械室在交通部的组织下，会同交通部机械设备制造厂，以东方红履带式拖拉机为底盘，开始研制功率为54马力的小型稳定土拌和机，其拌和宽度1900毫米，最大拌和深度300毫米。这是我国筑路专用的第一台稳定土拌和机样机。

当时因在文化大革命期间，我国路面机械的发展基本处于停滞状态，但在筑机室一批老专家的坚持与努力下，仍然研制开发了一些新产品，例如沥青洒布车、小型沥青搅拌设备、两轮和三轮的小型压路机和其他养护机具等。这些研究成果为后来的开发研究工作奠定了基础。

20世纪70年代中期至80年代初期，国内公路由停滞建设转为复苏兴建。为了完成建设任务，一些施工单位只好从国外进口一些筑路机械设备。为了改变我国筑路机械发展速度缓慢现状，以交通部公路科学所筑路机械研究室为牵头单位，与西安、郴州、新津等筑路机械厂协作，着重研究和开发黑色路面施工机械，成功研制出我国第一台“LB-30型间歇式沥青混凝土搅拌设备”和第一台“LT-6型轮胎式沥青混凝土摊铺机”。两项研究成果在1978年获得第一届全国科学大会奖。

▲LB-30 型间歇式沥青混凝土搅拌设备

▲LT6 型轮胎式沥青混凝土摊铺机

▲W B -210 型全液压稳定土拌和机

同时，交通部公路科学研究所筑路机械室（以下简称“公路所筑机室”）郭诚、王有森、田幼澄牵头和交通部新津筑路机械厂合作，以功率为 75 马力东方红履带拖拉机为底盘，研制成 WB170 型稳定土拌和机，并于 1983 年批量生产，这是我国第一代小功率的批量生产的公路基层稳定土拌和专用机械设备。1983 年 10 月交通部公路科学研究所与交通部西安筑路机械厂合作，成功研制出我国首台中等功率 WB-210 型全液压稳定土拌和机。该机达到了国外同类机型 70 年代先进技术水平。并获交通部科技进步二等奖。它的推广应用满足了我国高等级公路机械化施工需要。

1978—1998 年是我国改革开放的 20 年，也是我国开始高等级公路和高速公路建设快速发展时期。此时的公路所筑机室，聚集了柴仁栋、田幼澄、郭诚、王有森、曾友男、史志洁、姬光才、朱文天、张晋炮、郝凤莲等一批筑路机械专家，并在20世纪80年代前后，从西安公路学院等高校分配一批筑机、电子、自动化专业的本科生，给公路所筑机室注入了新鲜的血液。作为一支工程机械中的专用大型筑路机械装备研究的主力军，在这20年间也得到了空前发展，为我国筑路机械现代化，做出了不平凡的贡献。

正如郭诚、王有森、朱文天等几位专家所说，随着国家改革开放政策的实施，国门逐步打开，与国外企业、技术的接触和交流也逐渐增多，我们开始看到国内机械产品水平与国外的巨大差距，国家开始对机械装备业提出了“引进、消化、吸收”的政策，在这一政策的指导下，“七五”“八五”期间，通过国家重点科技项目攻关计划和国家重大引进技术消化吸收计划，安排了一批路面机械方面的重点项目。交通部列入的第一项路面机械引进制造技术的国家项目是

◀ 交通部公路科学研究所柴仁栋（右四）、郭诚（左三）等人员在英国Parker公司进行技术考察

▸ 交通部公路科学研究所郭诚（前排右二）等人员在德国 Dynapac 公司进行技术考察

“沥青混合料搅拌与摊铺设备”。该项目由交通部公路科学研究所柴仁栋、郭诚等牵头与西安筑路机械厂合作，分别于 1985 年和 1987 年由英国 Parker 公司和德国 Dynapac 公司引进搅拌与摊铺设备的制造技术，以及随后又引进英国 Parker 公司的移动式搅拌设备的制造技术，从而形成我国公路沥青混凝土搅拌设备生产率达到 60 ～ 240t/h 系列产品，以及沥青混凝土摊铺宽度 6 ～ 12m 系列产品，填补当时国内高等级公路搅拌与摊铺设备的空白。

同时，在“六五”“七五”“八五”期间，公路所筑机室承担了多项国家重点科技项目，在路面机械新产品的研究与开发方面取得了许多兼具创造性、先进性和实用性的成果，主要有：

（1）由交通部公路科学研究所与西安筑路机械厂共同研制的 LTY8 型沥青摊铺机、GTLY9500 型高密度摊铺机、沥青摊铺机DY-1自动找平装置等；其中“八五”国家科技攻关项目“GTLY9500型高密度摊铺机研制”，产品主要技术性能指标达到了20世纪90年代国际先进水平，荣获国家科技进步三等奖。

◀ GTLY-7500型高密实度摊铺机

（2）由交通部公路科学研究所牵头与新津筑路机械厂共同开发的WBC-200型稳定土厂拌设备、WB-230型轮胎式稳定土拌和机、NHB-300型碾压混凝土厂拌设备、LRS-6000型乳化沥青设备和稳定土摊铺机等。其中“LRS-6000型乳化沥青设备”荣获国家科技进步三等奖；“八五”国家科技攻关项目“NHB-300型碾压混凝土厂拌设备研制”荣获交通部科技进步三等奖，它与GTLY-9500型高密度摊铺机配合使用，可以提高基层的承载能力和耐久性，减少沥青路面的早期病害。特别是王有森研究员在稳定土路拌机械领域进行了开拓性的工作并作出了较大贡献，他主持研究设计的全液压稳定土拌和机填补了我国该机种的空白，结束了我国对该机种完全依靠进口的局面，对促进我国高等级公路的发展具有重要意义，荣获交通部科技进步二等奖。

（3）由交通部公路科学研究所牵头与省内机械制造厂开发的路面标志画线车系列产品、煤粉燃烧技术在沥青搅拌设备中的应用与推广、胶体磨式乳化机和 HB-10 沥青混凝料拌和机等。其中 MR-300 型煤粉燃烧装置实现以煤代油降低成本，具有较高的经济效益，被评为 1990 年度国家级推广新产品。

通过上述引进国外技术和自主研发，我国路面机械的技术水平得到了很大的提升，产生了跨越式的发展效果，大大缩小了与国外先进水平的差距。

▲ WB-230 型全液压轮胎式稳定土拌和机正在施工中

▲ 交通部科技司刘家镇（左一）在产品验收鉴定现场

▲ MR-300 型煤粉燃烧装置在推广使用中

筚路蓝缕 共创荣光
——回忆公路所环保专业发展中的几件事

刘书套 ■ 原公路所环保室主任

▼ 1998 年刘书套在港珠澳大桥环评项目留影

我院公路环境保护专业从1988年正式成立至今已二十多年，二十多年来，依国家、行业及我院发展需要，公路环保专业历经了初期创业阶段，咨询与公司共存阶段及目前公路环境保护中心。从业范围也从单纯的环评扩大到公路交通环保领域的各个方面，同时在人才队伍、科研能力建设等方面均获得了长足发展。

作为公路环境保护专业的一名老兵，我在院环保专业从业达20年之久。我于1965年毕业分配到当时的交通部交通科学研究院道路研究室，时逢"文化大革命"和下放"五七干校"锻炼，在道路室曾参与孙昭璜、熊焕荣等技术专家开展的修筑试验路研究工作，学到了一点公路建设的基础常识，1972年从"五七干校"回院后，被调整到材料试验研究室工作，在时任所长刘以成与材料室主任钱全大领导下，从事道路建筑新材料开发与交通工程材料方面的实验研究，同沈金安、赏瑜等人共同修建了试验路，从中掌握了与公路建设有关的材料检测手段与技术，研究成果获得了部重大科技成果三等奖，并纳入部行业标准规范中，前期参加的"七五"攻关项目，曾获得国家专利以及科技进步奖。由于当时国家的经济发展形势以及我所实行经济承包的需要，1988年所里安排我"转行"到公路环保专业，一干就是20年。借今年我院建院（所）六十年之际，回忆起公路环保专业发展中的一些往事，耐人回味……

筚路蓝缕　事业初创

安徽铜陵长江公路大桥是我所1989年组建公路环保专业后承担的第一个环评项目，也是我国在内地江河湖泊上的第一个桥梁环评项目。在当时，社会对环保重要性认识不高，曾有领导半开玩笑地讲："我都搞了一辈子公路了，还没听说过公路要搞什么环保？"开展公路环保工作难度可想而知，但所领导对新组建的环保室给予了充分信任和支持，时任科研处领导陈国靖、张元方与生产经营处的沈毅同志，都亲自出马到安徽省厅与铜陵市去找相关的领导争取项目、宣讲公路项目环境保护的重要意义，改变了地方领导的环保意识，先后承担了该省的公路与大桥项目的环评、水保、公路绿化等20多项，也是我所环保专业承担项目较多的省份之一。从另一侧面印证了所领导的重视与支持是环保专业发展的重要基础。

某种意义上，铜陵长江大桥环境影响评价，打开了我所承担大桥建设项目环境咨询项目的大门。以后的发展过程中，由于各级领导及员工们的积极努力，我所环保专业初期接连承担了长江上多个独立大桥项目的环评工作，如南京长江二桥、武汉军山大桥、安庆长江公路大桥、润扬大桥、苏通大桥、南京四桥、南京五桥以及黄河上的滨州大桥等。国内其他项目的环评大纲及报告书的评审会，时任所领导陈国靖、毛文碧与总工程师赵凤娟、邢惠臣等都时常到会指导。如云南亚行贷款项目，时任总工程师赵凤娟亲自参加了全程的现场调研，并指导项目组成员如何向专家介绍各敏感点保护目标环境状况，如何更准确详实地收集相关资料等。为开拓项目来源，赵总与时任生产经营处领导的沈毅同志，还同我一同到江西南昌找交通厅的领导谈有关项目的环评事宜。承担云南环评项目时，时任副所长的毛文碧带领项目组的全体成员，奔赴楚雄至大理公路沿线逐个环境保护敏感目标进行调研，努力做到所获得的资料的真实可靠。这些脚踏实地的调研工作，为环评报告书的质量提供了强有力的保障。这正是：

新兴专业要创立，领导支持应给力；
干群合力齐奋斗，事业发达出奇迹。

齐心协力　同保证书

按照当时有关要求，要开展环评工作，首先必须获得国家环保局相应的资质证书。我所于 1985 年已申领了相关的环评资质证书。但当时未开展这项业务，1988 年所领导看准了当时的发展机遇，以科研处牵头，组织包括汽车、材料等科室的部分同志，在陈国靖的领导下，承接了广东深圳至汕头汽车专用公路的环评项目。当时参与的同志从未接触过此项业务，连基本常识也知之甚少。但参与的人员抱着向实践学习、向专家学习的态度，扎实地进行现场调研、现状监测、土壤样品的采集等工作，回忆起当时的情景，依旧历历在目。当年最年长的马桦研究员同年轻人一样，在野外蹲着收集大气样品，特别是夜间测噪声，晚上10点以后组员们听到组长的招呼，就一起上阵，就连专职驾驶人赵军也积极参与了监测工作，不辞辛劳，昼夜奋战。当第一份环评报告书获专家评审通过后，国家环保局发出验证通知，对于刚组建的环保室而言，是一次重大的考验，除了完成相应的业绩外，还必须具备对水、土以及其他未知样品进行化验分析的能力，且必须在规定的时间内完成，提交化验报告。这无疑是对刚成立的环保室又一次严峻的考验。当时我充分调动曾从事过化验分析的杨先和、李息云、周秀岩等人协同作战，连续夜间加班加点，奋力工作。时任环保室主任朴钟铉同志，虽然是汽车维修方面的专家，但对化验分析却是个门外汉，为了鼓励大家，他晚上也跟着加班，使我们干具体化验工作的人员深受鼓舞。如此连续奋战一周时间，终于完成了全部分析工作，结果完全达到了国家环保局的质量要求，使我所环保资质证书得以延续，在当时来说，就是保住了我院环境保护专业生存的“饭碗”，领导与群众都非常欣慰。

边学边干　自我提升

1989年环保室成立之初仅有15名员工，专业技术人员仅12人，全无环保专业背景，既然已决定开展公路环保业务，就只有向环保、路桥方面的专家学习，同时必须认真做好自己该做的事情。

铜陵长江公路大桥项目建设涉及国家一、二级保护动物白鳍豚和江豚，这对于我一个学土壤农化专业的本科生而言，真是“丈二和尚摸不着头脑”，但任务既然已经承接，就必须去完成。我通过查阅资料得知，白鳍豚是和大熊猫一样珍稀的物种，研究它的知名学者是当时南京师范大学的周克亚教授，

▼ 铜陵长江公路大桥（双塔双索面斜拉桥）

白鳍豚也曾以该学者的名字命名为“克亚鱼”。为了解该物种的保护知识，我赶赴南京师范大学，冒昧地在试验室门前地上坐等到周教授下班，令人欣慰的是周教授十分认真地给我介绍了有关白鳍豚的生存环境、生活习性、活动规律、目前可能的保护数量、保护策略等，使我获得了不少知识；同时还向当地的环保人员学习，走访设在当地的白鳍豚保护站，为顺利完成环评报告的编写打下了基础。工程知识方面，积极向设计人员及我所张书亭、徐风云等专家请教，从中分析施工可能对环境的影响。限于当时环评经费仅有4万元，环境噪声的监测也只能靠我们自己干，白天夜间都是如此，由于组内人员少，只能一人负责一个点位，当时大家嘴里叼着小手电，一手托着噪声监测仪器，一手还要记录200多个数据。在李国香、刘元鹏及地方技术人员的配合下，我们顺利完成了所有敏感点的噪声监测任务。该项目环评报告书顺利通过了专家评审，当年被安徽省环保局评为“省级优秀环评报告书三等奖”。类似以上的噪声监测工作在其他环评中也采用过，河南灵宝至潼关的高速公路项目，昼夜噪声监测工作也是由我与梁爱学同志共同完成的，虽然辛苦了自己，但也得到了锻炼，也给单位节省了经费。

在广西南宁至百色公路与云南的一个公路建设项目中，还碰到国家一级保护植物“任豆”和三级保护植物“翠柏”。任豆被当地人称为“砍头树”，戏言称哪个人砍了任豆树,当地官员就要砍掉那个人的头，这是事前通过对当地林业保护专家咨询知道的，作为环评人员必须了解新建公路附近任豆树的生长位置，数量以及与公路建设的关系，在国家环保总局召集专家进行该项目现场考察时，我们回答全面、真实，深受国内专家好评。

◎ 知难而上　迎接挑战

在我院环保专业建室的初期阶段，我国环境行政主管部门已发布了与建设项目相关的法规及技术文件等，开展公路环评业务同其他工程的建设项目大体一致。但是对于利用世行、亚行等贷款修建的公路项目的环评工作要求比国内同类项目的环评质量要严格许多,对于每个环境保护目标的情况必须充分调查清楚，如教室的位置、学生及教师的数量、夜间是否有住校学生、学校周边是否有围墙以及围墙高度等，特别是学校教室至公路的距离，中间有否障碍物等都必须搞得一清二楚，以应对世行、亚行所派来的环保专家的提问。针对合肥至安庆高速公路这一利用世行贷款项目,在与世行环保专家座谈以及公路沿线现场考察时，我及时回答了世行专家提出的所有问题，听到世行专家将手臂一挥说“OK”时，我心里的石头算落了地。

利用亚行贷款项目的云南元江至磨黑公路环评工作要求与世行基本一致，为了保证项目的顺利开展，云南省交通厅要经常接待亚行官员与专家，每次我都要去应答有关环境方面的问题。记得有一年先后去了七次，随同亚行官员与环保专家对公路进行现场考察，对可能有影响的敏感目标逐个进行查实，由于基本工作做得扎实、详细，在与亚行专家共同工作期间，我们的工作得到外国专家的认可与赞许。当我要回京时，他们通过翻译转给我两封感谢信。

立足创新　开拓新业

我院环保专业在创建初期已经关注到公路路域生态恢复问题，这项工作体现在“安徽省高等级公路生态工程综合技术研究”科研项目上，该课题是依托安徽陇西立交开展的，陇西立交是合宁高速公路与蚌芜高速公路的交汇点，占地面积大，填、挖方工程量也大，当时承担该课题的成员努力争取到该项目的绿化美化设计工作，并参与了施工。20 世纪 90 年代中期，工作条件尚不完善，技术人员甚至连吃饭也得不到保障，每天早晚步行几公里路程到达工程区开展工作。蔡志洲、孟强两同志长期驻守工地，参与绿化施工、管护等工作，特别是孟强同志，当时是刚分配的大学生，整日不怕风吹日晒，坚守工地，圆满完成了相关工作。期间还委托省环境监测站对立交区绿地及周边村庄等进行过全面的环境监测，监测证实，立交绿化效果明显，环境效益突出，该研究成果获得了安徽省科技进步一等奖。从此以后，我院公路环保专业又开创了一个新领域——景观绿化设计与施工，以及声屏障设计与施工等其他环境工程业务。

回忆从事公路环保专业的二十年虽说有不少艰辛，但收获更多的是快乐！在工作过程中结交了环境保护、水土保持等方面的技术专家，虽然在公路环保专业内工作时间有限，但是我认为还是尽力了，取得的点滴成绩，也得到有关政府管理部门及同行专家的认可，曾被当时的交通部环境保护委员会聘为专家委员会委员，2000 年受到交通部环办的表彰，2000 年被国家环境保护总局授予全国建设项目环境影响评价先进个人，2001 年被交通部环委会授予交通建设项目环境保护先进个人，2006 年荣获中国水土保持学会愚公奖证书，并被交通部、环保部、水利部水保中心等聘为评审专家。2005 年初，经劳动人事部与国家环境保护总局会商批准，由国家环保局签发，我免试获得注册环境影响评价工程师资质证书，成为全国首批获得批准的三十人之一，是交通部首个获得此证书的人。同时，我还在国家培训环境影响评价工程师授课、考试等方面工作尽过力。

在人类历史的发展进程中，回忆我在公路院（所）

从业的五十多年中，不过是一瞬间而已，但我始终觉得公路院就像是一个大家庭，公路环保是其中的一员，应该是协同发展，共筑宏图，祝福公路院越办越好。用下面几句顺口溜来结束我的回忆吧：

我院诞辰六十载，全院职工共喝彩。
道桥材料与汽车，建院初期主专业。
国家发展进程快，交通环保创新业。
院内已设十中心，公路行业全覆盖。
齐心协力奔小康，改革创新是常态。
共筑宏图创大业，创出公路新时代。

忆往昔峥嵘岁月 展未来任重道远

——访北京交科设计院原总工程师杨光

王　倩 ■ 北京交科设计院

2015 年 11 月 16 日，怀着对公路院 60 年悠久历史的温情与敬意，我走访了北京交科设计院原总工程师杨光。

20 世纪 60 年代末，杨总从清华大学自动控制系毕业，在外地工作一段时间后，于 1975 年调入交通部公路科研所标志信号及设备研究室(简称标号志室，后改名交通工程室）。在交通工程室及北京交科设计

▶杨 光

院工作至退休，退休后又返聘工作到七十岁，整整工作了四十年，可以说他一生的绝大部分工作时间都贡献给了公路所和公路建设事业。

杨总在职时是原中国工程建设标准化协会公路工程委员会路线与交通工程专业工作委员会委员，交通部公路科学研究院学位委员会委员，《公路交通科技》杂志编委；曾获国家“六五”“七五”攻关科技成果奖，交通部“七五”科技攻关有突出贡献的科技人员称号；作为“京津塘高速公路工程建设成套技术”项目的主要成员获1996年度交通部科技进步特等奖，1997年度国家科技进步一等奖；享受国务院颁发的政府特殊津贴。

“7386”工程

杨总在院工作的期间最令他难忘的，并且影响颇深的是1973年开始的“7386”工程。提及这个项目，杨总百感交集，深深铭记的岁月伴着冬日的暖阳缓缓流转。他告诉我们这个项目是我国的第一个城市交通自动控制工程项目，也是交通工程室得以成立的契机。

它不只存在于杨总从事交通工程多年研究工作的记忆里，对交通工程这门学科在我国落地生根也都有着至关重要的作用。

研究这个项目的起因是1973年文化大革命时期，原第四机械工业部部长王诤（中将）出国考察后于8月6日写给相关部门建议学习国外经验开展城市交通自动控制研究的一封信。之后北京市科委批准首都自动化交通控制项目（北京前三门大街交通信号计算机自动控制系统）立项，当时交通部很重视也很支持这项研究，为此还专门在公路所成立了标号志室。最后这个项目由五家单位联合研究开发：北京市公安局交通管理处和公路所作为承担单位，公路所（标号志室）为技术总体单位，另外还有邮电大学、武汉大学和电子工业部六所参加研究。这个项目又以王诤部长写信的日期而称作“7386工程”。

项目建设初期的条件非常艰苦，连办公用房都要自己动手搭建。那时标号志室的技术力量十分薄弱，建室初期只有不到十个人，他们自称“七八条枪”，到杨总调入时也不过十多个人。国内可供研发的电子设备和器材又相对落后，加上当时的交通工程学作为交通、电子技术和通信技术等的边缘学科刚刚传入中国，因此一个大家从未接触过的难题摆在面前，一切都得需要从头开始学习。所以杨总说到这时不禁感叹当时公路所的领导能揽下这个重任还是有相当大的勇气的。尽管困难、压力重重，但通过 5 年的努力，试验还是成功地完成了，虽然系统的可靠性相对比较差，但还是能够提高一定的通行效率。项目的最大的成果就是培养了一批专业的技术力量，为今后相关业务的发展创造了条件。随后随着技术力量的扩大，技术水平的提高，城市交通控制工程相关业务扩展到了天津、武汉、广州等大城市，而且本项目研发的多项软件及设备成果也获得交通部的奖励。

▶ 杨光（左一）与贾日学副所长在平战结合的军用飞机跑道

交通工程起步

随着当时城市交通控制领域不断地发展，不断地成熟，有过诸多成功项目与专业成就的我们用浓墨重彩划出了一条自己的历史轨迹，谱写了公路院发展史上的灿烂篇章。但杨总说由于交通部和公安部在道路交通管理职能划分上的变化，交通部要求我们逐渐从城市交通控制领域转向公路交通工程。正是这一个转折，让我们真正在公路交通工程领域稳稳地扎下了根基。

1981 年在广东至佛山一段二级路建设了交通工程样板工程，杨总说当时公路系统对于交通工程还没有什么概念，更没有信号控制。公路所就是想通过这个示范项目让全国公路界来看看交通工程到底有什么作用。该项目在建设时首次引进国外的反光膜来制作反光标志，之前的道路标志都是用油漆做的，晚间车灯打上去根本看不清楚，因此反光膜的引进为驾驶员行驶起到了安全保障作用。广佛公路虽然仅是 20 多公里的路，但这条路的交通流特别大，为此我们还在重要路口安装了信号灯来控制车辆通行，从而车辆有序行驶，有效地缓解了交通事故的发生，提高了通行效率。因此这一样板工程带来了很好的效果，在业界的影响也颇为重大，大家逐渐对交通工程有了新的认识，认为交通工程的建设是非常有必要的，为此还成立了“交通工程学会”。

◎ 京津塘高速公路交通工程设计

一步一脚印，一载一乾坤。时间的流逝带来的是我们公路院的蓬勃发展。杨总说早在 1978 年的时候交通部就给他们下达了任务，要开始做高速公路研究设计的一些技术储备。他还保留了当时翻译的国外参考资料，全是用钢针刻蜡版油印的，现在看来已经可以称作文物了。尽管当时条件非常艰苦，但是我们老一辈还是一步步坚持下来，为今后高速公路建设打下了坚实的基础。

经过多年关于高速公路是否符合中国国情的争论之后，在 1984 年，我们迎来了中国公路历史上最重要的阶段，开始了中国大陆第一条高速公路——京津塘高速公路的勘测设计。

当时公路所的任务主要有两大块，交通工程室负责交通工程及沿线附属设施的研究设计，道路室负责路面材料结构试验。杨总主要负责收费系统研究设计，在这之前没有人知道收费系统是怎么回事，而且技术储备阶段我们参考的国外资料都没有包含收费技术，原因就在于京津塘高速公路是我国第一条部分利用世界银行贷款建设的高速公路项目，因此京津塘高速公路也是我国第一条收费高速公路。杨总在那个时候临危受命，想尽一切办法搜集国外的资料，包括向所内外曾经出过国的技术人员索求国外收费设施的点滴信息和资料。说到这的时候不禁感慨万分，他说当时头脑里真的一切都是空白，全都得靠自己去探索，想想那个时候真不知道是怎么坚持下来的。

一分耕耘，一分收获。以后的高速公路交通工程的建设标准、规范最早都是由京津塘高速公路这个项目演变而来，大部分省市的第一条高速公路的交通工程也都是我们来设计，并且还都得到了业主的好评。从那以后，高速公路建设达到一个高潮。到 1997 年“八五”期间，京津塘高速公路建设工程几乎把国内有关工程的奖项都拿到了，说到这杨总的脸上露出欣慰的微笑，感觉他们所付出的一切都是值得的。

访谈感悟

虽然与杨总交谈时间不长，但我觉得收获颇丰。从杨总讲述的历史故事中我感受到了在那样艰苦的年代里，交通工程的发展是多么艰辛不易，然而这离不开老一辈们在工作岗位上刻苦学习、艰苦奋斗、越挫越勇的工作精神，这种精神正是我们要继承和发扬的。

曾几何时，高速公路这个名词不再新鲜，高速公路里程越来越长，路网越来越密集，它为经济发展增添了无限的活力，使出行变得越来越方便，把异地亲人的心拉得更近。但我们在享受这一切的时候一定不能忘记那些为了今天的方便快捷而默默奉献过的人们，是他们造就了我们现如今的一路畅行！

让路网运行更高效更安全

——北京公科飞达公司科研与示范工程纪实

苏 鹏 ■ 北京公科飞达公司

2003 年 9 月 1 日上午 10 点，交通部副部长冯正霖宣布，京沈高速公路跨省市联网收费系统正式运行，全国联网收费工作开启了新的篇章。

回顾实施过程，北京公科飞达交通工程发展有限公司（以下简称“北京公科飞达公司”）工程技术人员和设计人员经历了千辛万苦，克服了无数困难，完成了 2003 年交通部四项重点工程之一的“跨省市联网电子收费示范工程”。

该工程是“十五”科技攻关项目“跨省市国道主干线电子（收费）支付研究与应用”的示范工程，其子课题2“跨省市联网收费标准平台的研究”、子课题3“跨省市国道主干线跨平台技术的研究”的两项研究成果直接应用到示范工程中，课题承担单位为当时的交通部公路科学研究所交通工程室，参研人员在公路所企业化改制中成为北京公科飞达公司科研人员。

该工程也是2003年交通部党组确定的年度交通部四项示范工程之一，时任交通部部长张春贤曾指示：“要下决心着手规划并组织实施全国国道主干线的联网收费，首先从具备条件的区域或干线开始组织研究和试行，重点是京沈路段。但不能再久拖不决了。我们要拿出加快公路建设的决心和劲头，上下一条心，积极稳妥地解决主干线的联网收费问题，争取有所突破。”交通部冯正霖副部长亲自主持召开了多次协调会。逐步明确了京沈联网收费区域、设计原则、组织形式、阶段目标。

凭借强有力的科研基础，丰富的工程经验，北京公科飞达公司承担了完成京沈高速公路跨省市联网收费示范工程的系统设计、软件开发、硬件安装联调、机房改造装修等项工作。任务下达后，公司立即成立了强有力的项目经理部。公司任命副总经理李丁亲自挂帅、坐镇现场、直接领导，抽调了一批包括博士、硕士、技术骨干在内的精英组成了总体组、车道软件组、拆账中心软件组、硬件组、合同组等技术小组，核心组员就是科研项目的主要研究人员，并采取封闭工作方式，集中力量攻关。

工作全速运转起来后，项目负责人——当时的北京公科飞达公司副总经理李丁全身心地扑在了项目上。项目总工程师孙丹博士精心策划了技术方案、实施路径，同时开展自己的软件开发工作。分项目组长硕士苏鹏、卢晓煜，副研究员苏浩然、陈光武等也在统一分工下，分别开展自己的工作和开发任务。

此时，意想不到的事件发生了——“非典”疫情突然袭来。消毒、隔离各项防范措施严之又严，“非典”疫情像一块大石头压在每一位项目组成员心上。面对疫情，工作组还要不要做下去？如何做下去？全组成员分析形势后，一致认为在党和国家的领导下，抗击“非典”一定能取得胜利，目前的困难是暂时的，

▼2003 年京沈高速公路联网收费系统开通仪式

而“非典”过后肯定是大干快上的大好局面。“抗非典”要服从国家的统一部署，但工作不能停，否则就无法应对“非典”后的需要。

为避免不必要的损失，总体组决定继续强化封闭开发。项目组成员全部封闭在公路试验场交通工程研究试验中心内，不出不进，自我隔离，加强消毒，坚持卫生防疫监测，定时报告。硬件设备安装在全线十几个点上，另外还要检测原有的系统，硬件安装调试无法封闭，项目组中硬件调试安装人员直接面对各地严厉的防疫措施，处处碰壁，好像走到了绝路上，怎么办？既不能无视防疫规定，但也不能让工程停下来。硬件组组长、公司助理经理陈光武一直在现场奔波，协调各方；严格按照各地的要求为每个安装人员配备了防护口罩，在各处严格的体温监控下，按照各地规定的时间、规定的地点、规定人数，硬件组拼抢工作。为了确保地方人员安全，当项目组人员进入工地现场时，请当地人员离场，由项目组人员自己单独工作，尽量减少于当地人员接触，使大家都安心。如果不是身临其境，很难想象出其困难情景。在这样的条件下，硬件组的人员克服了种种困难，高质量地按时完成了硬件系统的安装、调试和检测工作，完成了电源安装、机房装修等任务，保证了软件在线测试，保证了联网系统按时开通试运行。

正是这样一批对成员关心、对工作负责、对技术钻研的团队，完成了跨省市联网电子收费示范工程。

该示范工程的完成，也培养了一批后备人才，树立了北京公科飞达公司的品牌，为北京公科飞达公司更多更好完成所承担的科研和示范工程建设工作打下了良好的基础。

2007 年开始，随着全国各省市自治区高速公路建设的全面进行，国家干线路网和省域路网逐步形成，路网运行监测和管理以及应急处置成为交通行业新的研究课题，并急切需要工程示范。北京公科飞达公司凭借多年的工程实践经验与科研积累，又一次参与到新技术课题的研究工作和示范工程建设中。

2009 年，北京公科飞达公司承担“跨省市高速公路联网收费安全管理与应急处置和服务示范工程”（交通运输部路网中心软硬件配套建设一期工程）项目。通过各管理部门与研究部门之间的多次协调沟通，有效推动了部省两级管理部门的建设和完善，形成了独立的组织机构——交通运输部路网监测与应急处置中心（以下简称“部路网中心”），省级路网中心也日趋完善，管理人员管理观念不断提升，建立了完善的部省联动的应急处置机制和流程，促进部省两级路网中心管理技术手段的不断创新，建立了采集—传输—处理—应用一整套的交通信息辅助决策支持平台，提高了管理效率和公众服务水平，降低了区域路网管理的风险。

2011 年，北京公科飞达公司主持“‘十一五’

道路安全行动计划课题三——京津冀区域调度与应急处置系统示范应用”项目。该项目的实施实现了京津冀辽区域路网运行统一监管与应急事件处置功能；建立了四省市与部路网中心数据传输链路，将示范区域路网的交通流量信息、气象信息、突发事件信息以及重点路段视频等信息接入了部路网中心，加强和规范了部省联动的应急处置机制和流程，部署完成京津冀辽区域路网调度与应急处置系统平台软件，并在京津冀辽地区实施了部省两级联动的区域路网调度和应急处置服务示范应用。示范工程的实施完成，有效降低了区域路网管理风险，加强了部省间、省际信息共享与业务协同，提升了应急反应能力和应急处置的效率，使该区域 2011 年与 2010 年相比各类阻断事件的空间影响范围和时间影响范围明显缩小。

2013 年，北京公科飞达公司参与“863”国家干线公路网交通状态综合感知与态势评估项目中基于紧急事件和数据的预警技术体系和原型系统研发工作。该项目面向国家干线公路网“可视、可测、可控”的重大需求，重点研究干线公路网状态感知与交互处理技术和应用。该项目成果将形成干线公路综合预警分级指标，实现国家干线公路网交通状态综合评估与预警系统；可使用覆盖范围 500 ~ 1000 公里路网的公路数据对系统进行验证，实现管辖范围内干线公路网运行状态的实时监测以及突发事件与数据的综合评估和预警功能，显著提升路网管理的手段与能力。

2014年，北京公科飞达公司参与国家科技支撑计划“道路交通安全智能化管控关键技术与集成示范”项目，担任“高速公路网运行状态智能监测与安全服务保障关键技术研发及系统集成”专题五的主持单位。该项目的实施将形成公路网运行状态监管与安全服务保障成套关键技术与装备，以及路网管理与安全服务保障相关技术标准等，达到系列化和产业化的智能路网经营方式和组织形式。项目的最终目标是综合依靠下一代互联网技术，实现智能公路网的可视、可测、可控、可服务。

通过近8年的科研项目研究和相关示范工程的建设实施，北京公科飞达公司一直站在路网管理与应急处置技术研究和工程实践的前沿，为交通行业路网管理与应急处置技术推动和工程技术完善贡献了不可或缺的力量。

2010年，国家节能减排工作正如火如荼进行，交通行业节能减排的一项重要措施是建设全国电子不停车收费系统并全国联网运行。这项工程的核心技术支持单位就是交通运输部公路科学研究院智能交通工程研究中心（以下简称“ITS中心”）和北京公科飞达公司，凭借在电子收费系统中的科研和工程经验，以及与ITS中心的多次科研和工程合作实践积累，充分参与到这项世纪科研与工程之中。自实施高速公路联网收费系统以来，收费系统的联网范围一般控制在省域范围，要想实现全中国三十多个省市自治区的电子不停车收费联网，需要协调和解决的管理、技术、工程问题多如牛毛，各参与单位同心协力，共同克服了困难。

◀ 北京公科飞达公司工程师现场调试收费系统

北京公科飞达公司参与了其中的标准规范制定、工程实践验证等多个关键环节的科研攻关和工程实践过程。公司再次派出科研和工程实践精英，热情饱满地参与到科技研究、系统设计、工程实践和相关测试中。凭借公司参与过的国家“十五”“十一五”关于电子收费技术的科技攻关项目中积累的关于电子收费和跨省市联网收费的科研成果和工程实践经验，配合ITS中心科研人员，迅速解决和克服了关键性技术难题，并应用到示范工程中。北京公科飞达公司参与了京津冀电子不停车联网收费区域跨省市联网的部分系统实施和示范工程中，2010年10月，全国示范的两个跨省市电子不停车收费区域（京津冀电子不停车联网收费区域、长三角电子不停车联网收费区域）顺利开始跨省市联网运行，公司的科研示范成果又一次在交通建设领域中成功实施。

小范围的电子不停车收费跨省市联网成功仅仅是全国电子不停车收费联网的开始，随着需要接入的省市自治区的增多，越来越多的技术问题出现了。有了问题不怕，飞达的科研和工程精英就是解决疑难技术问题的。科研和工程实施人员在工程现场蹲守，在数百万行的日志记录中分析、整理、归纳、总结，凭借这种不怕困难、刻苦钻研的精神，技术问题的本质原因和解决方案逐步从飞达人手中展现出来，并推广到全国联网工程中。2014年底，全国14个省市实现了电子不停车收费联网运行；2015年10月底，全国29个省市自治区电子不停车收费联网运行顺利实现！在这项工程中，包含了北京公科飞达科研与工程人员的大量汗水和辛劳，飞达人为此骄傲！

成绩和荣誉属于过去，今天的北京公科飞达科研和工程人员将继续发扬无私奉献、勇于克服困难、刻苦钻研技术的精神，牢记“崇德守信，敏思健行，创新求索，忠诚奉献”的企业使命，为祖国的交通建设和科技攻关贡献自己的力量！

与创新时代共成长
——国家道路与桥梁工程检测设备计量站建站纪实

林志丹 ■ 计量站

今年是公路院建院60周年，国家道路与桥梁工程检测设备计量站（以下简称“计量站”）也迎来建站7周年。

2011年1月，经国家质量检验检疫总局（以下简称“国家质检总局”）授权，计量站正式取得国家法定计量检定机构资质。计量站作为交通运输部公路科学研究院（以下简称“公路院”）所属的独立运转二级机构，在交通运输部科技司和国家质检总局计量司直接领导下开展工作。该站也是我国道路与桥梁工程领域内唯一的国家级计量技术机构，是国家计量体系的重要组成部分，她的成立是交通运输行业计量管理发展史上的一个重要里程碑，为推动行业计量工作的开展提供了基础性保证。

◎ 应运而生

长期以来，由于公路工程领域内未能建立较为完善的专业计量标准体系，使得大量专业试验检测仪器设备无处送检或间接以社会公用计量标准来检校，量值溯源难以满足行业计量需求，这一问题使正在大力开展的“四个交通”建设和科技创新研究活动缺乏最基础性的保证。国家专业站成立以前，虽已有个别省份建立了地方专业检定站，但交通专用检测仪器设备送检受到地域性和专业性的双重限制，技术水平低、统一性差，全行业计量需求缺口长期无法得到有效解决。

为解决这一问题，加强行业计量管理，经国家质检总局和交通运输部批准，公路院于 2008 年 5 月开始筹建计量站。公路院在院主管领导和科教处牵头组织下，由相关各二级研究部门抽调专门人员组成筹建机构，经过 3 年艰苦努力、技术攻关，在 2010 年

8 月取得第一批 7 项部门最高计量标准授权证书，在 2011 年 1 月取得法定计量检定机构授权证书。2011 年 3 月，经部批准计量站正式开展面对全行业的计量服务，在资质授权范围内向行业提供 11 个项目的计量检定、校准服务。

◀国家质检总局和交通运输部领导为计量站揭牌

◎ 艰苦创业

计量站筹建初期面临许多问题亟待解决，其中特别突出的就是缺少计量建标基础和有经验的专业计量研究人员，并且缺少办公用房和专用计量实验室，试验场地分布在海淀区西土城8号院和通州公路交通试验场内，基础科研和检定、校准工作常常是在公路院与试验场之间交替进行，很多抽调的技术人员，除了要完成原有的工作任务，还要挤出时间来搞计量研究，他们以积极的、敬业的精神，克服了很多生活上的困难，解决了大量技术上的难关，在平凡的科研岗位上展现了吃苦奉献的崇高精神和品德，使得“无私奉献”成为计量站建站初期最鲜明的写照。

▼ 公路交通试验场计量大楼

▲计量专用试验路

公路院作为计量站的依托单位，为计量站的建设与发展提供了全方位的大力支持。

人员与技术方面，一批新调入计量站的人员对标准装置维护和使用技术很生疏，公路中心和安全中心给予计量站大力协助，通过人员培训和考核，使得计量站检定人员队伍不断壮大。

设备和设施方面，在院条件处的支持下，2015年底，占地5000多平方米的计量实验大楼和专用计量试验平台道路均已建成投入使用；通过公路交通专业计量标准研究支撑平台（一期、二期）设备购置项目的执行，一批批先进的仪器设备得到及时采购和验收。计量站现有固定资产总值1200万元，仪器设备近60台（套），科技创新能力和计量服务能力得到极大提升。

运行管理方面，公路院为有效支持新机构启动运转，给予计量站3年扶持期，从120万元启动经费、办公条件和基本科研业务费项目等方面给予了多种支持。

成效初现

“潮平两岸阔，风正一帆悬。”经过3年扶持期，2015年计量站已经顺利进入发展期。

组织机构日臻完善。2012年3月通过竞聘和松站长上任，同时，院先后选派包左军、罗翥、苏文英等技术干部协助开展机构建设，计量站设立了量传部、检定部、质管部、科研部、外联部和综合办6个职能部门，成立了站党支部、团支部和工会，形成了党、政、工、团齐抓共管的组织机构框架。2015年11月，国家质检总局派出专家组，对计量站进行资质到期换证复查，从组织管理、质量体系、资源配置、检校实施等方面进行了严格细致的全方位考评，一致认为计量站质量管理体系持续有效运行，机构建设符合考核规范要求，能够很好地履行计量检定机构的法定职责，一致同意通过现场考核。首次资质复审的顺利通过，标志着计量站已经发展成为行业计量技术的合格领头人。

▲何勇副院长（右列右三）代表公路院参加计量授权考核会议

人才队伍不断壮大。具备交通专业和计量专业的复合型技术人才是计量站开展计量科研工作的基础保障。建站 3 年多来，计量站不仅从院内外积极调入一批具有管理和检测经验的人员，而且陆续从同济大学、中国计量大学和北京工业大学等国家重点院校，接收了多名优秀博士、硕士毕业生，经过专项培养，使得计量研究专业技术队伍不断壮大。截至 2015 年底，计量站各类检定项目持证资格总计 82 人次，在岗持证国家计量检定员 21 人，占总人数的 86%，他们已在计量研究和计量服务过程中，发挥出积极作用。

标准研究初显锋芒。拥有授权的计量标准是开展计量检定和校准服务的先决条件，计量站作为国家专业站，部门最高计量标准建立、保存和维护则是一件关系量值溯源的重要工作。2014 年 8 月，计量站第一批授权 7 项部门最高计量标准通过了国家质检总局的计量标准换证复核，2015 年 1 月，国家质检总局计量司同意计量站开始建立第二批 5 项计量标准，目前正在准备申请计量授权。

科研成果初见成就。计量站自筹建以来，已开展的科研项目包括交通运输部标准、计量及质量研究项目 14 项，院基本业务费项目 7 项，交通运输部标准制修订项目 1 项；已发布的行业检定规程 4 项，标准 1 项，在研的行业检定规程 4 项，标准 2 项。已获得的科研成果主要有中国公路学会科学技术奖一等奖 1 项，二等奖 2 项，三等奖 1 项；湖北省科技进步二等奖、中国石油化学工业联合会三等奖、广西省政府科学技术奖三等奖各 1 项；获得 1 项发明专利，10 项实用新型专利，2 项软件著作权，在国家主要期刊发表科技论文共计 16 篇，专业论著 2 部。受部委托编制了《交通运输行业专业计量管理目录》《公路工程试验检测仪器设备检定 / 校准指导手册》，并先后完成了交通运输行业计量发展规划研究、地方计量检定机构建设模式研究、行业计量检定系统表研究、行业计量监督管理政策、部门计量检定规程管理办法等计量质量研究课题，为交通运输部开展行业计量管理提供了技术支撑。

计量服务普遍认可。2012年，计量站刚开始行业计量检校服务时候，全年设备检校数量仅为64台（套），经过3年坚持不懈努力，2015年设备检校数量已达到726台（套），行业甲级试验检测机构送检率达到91%，覆盖全国21个省、市和自治区。

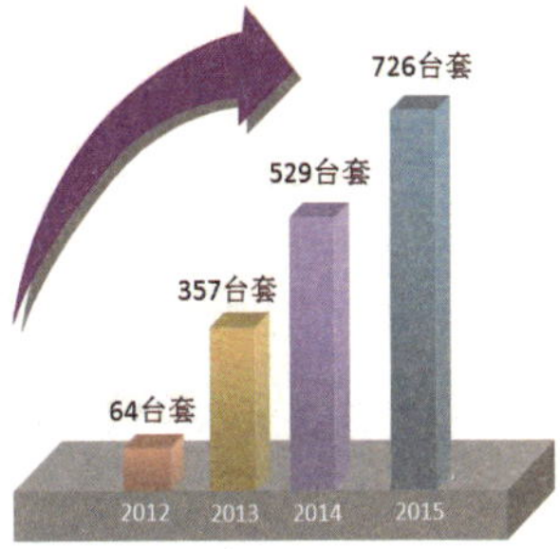

▲“十二五”期间计量检校工作量

据统计，“十二五”期间，计量站累计为行业1700余台（套）专业和大型试验检测设备提供了量值溯源检定和校准服务，专业计量服务受到业内普遍认可。同时，计量科技服务领域更加扩展，从单纯检定、校准仪器设备发展到为客户提供必要的技术改造、设备升级服务，积极培育地方检定站建站，为行业计量管理提供可行性技术咨询和预测。

▼集中检校现场

▲ 计量业务综合管理信息系统

业务管理信息化。近年来，计量站信息化建设工作成效显著，计量站建立运行了独立网站（http://www.ncmerb.com）和计量业务综合管理系统，将计量检校工作与信息化网络技术有机结合，实现在线计量委托、检定证书真伪查询、计量标准规程查询、业务进度查看、设备故障诊断、周期检定提醒、计量知识普及、资料及软件工具下载等服务功能。

广泛开展技术交流。作为行业最高级别的权威计量技术机构，计量站持续关注国内外计量领域最新科技创新发展动向。2014 年 3 月，和松站长以“道路检测设备的准确性控制”为题，在国际道路协会（PIARC）“路面检测及材料循环利用技术”国际研讨会上介绍中国交通设备溯源管理模式。2014 年 10 月，公路院张劲泉院长带领院主要部门领导和计量站主要成员，赴中国计量科学研究院昌平基地调研，听取中国计量科学研究院段宇宁副院长介绍国家计量发展学术动态和国际计量研究发展趋势，对提升公路院计量站建设水平具有指导意义。2014 年 11 月，结合公路院承担的《交通运输行业计量发展规划》研究任务，计量站组团应邀赴美国国家标准技术研究院（NIST），进行计量标准量值溯源方式和计量管理模式技术交流，这是公路院作为我国行业计量技术研究机构与美国国家标准研究机构的首次接触。此外，计量站还承担着“全国公路专用计量器具计量技术委员会”秘书处职责，正在积极开展计量技术交流和国际合作长效机制。

◀ 和松站长在 PIARC 国际研讨会上作专业计量主题演讲

形成独特计量文化。“科学、准确、公正、严谨”是计量站的质量方针，“传递信任，服务交通”是计量站为行业服务的基本准则。建站 7 年来，计量站机构建立发展、科研创新的点滴成绩，都力行了公路院“力臻卓越、求是创新”的优良传统，这也是计量站未来发展的精神底蕴。2012 年、2013 年计量站连续两年被中国计量测试学会评为“计量诚信单位”，正是这一宝贵精神的真实写照。

▶ 计量站获公路院第二届运动会优秀组织奖

▶ 罗翥副站长（右一）代表公路院计量站接受“中国计量测试学会第六届计量诚信先进集体”荣誉证书

二十载磨剑 今朝铸辉煌

——ITS 小伙伴的中国梦情结

滕学蓓 ■ ITS 中心

在公路院大楼二层，有一支平均年龄不足 35 岁的百人科研团队，是一批十足的“小鲜肉”，他们在默默地共同做着一件推动中国交通运输转型升级的事业：智能交通（ITS）科研和技术服务，他们用行动诠释着自己的中国梦情怀，以智慧和敬业精神助力中国智能交通现代化，让百姓的出行更便捷、高效。这群小伙伴儿在近几年接二连三斩获了创新科研业绩与精神文明建设的双丰收：不但获得国家科技进步奖、中国公路学会奖项、中国智能交通协会等大小无数科研奖项，更蝉联了全国青年文明号、获得了交通运输部雷锋奖、共青团北京市委圆明园学者等诸多精神文明奖项。

▼ ITS 中心蝉联全国青年文明号

◎ 永葆技术敏感　紧盯世界技术前沿

20 年前，当马车还在与拖拉机抢路时，以现任公路院总工程师王笑京为首的公路院科研人便开始介入当时世界上最前沿的智能交通（ITS）研发和应用，承担了我国 ITS 发展战略和总体框架的研究。他们很敏锐地意识到，伴随着大规模集成电路、计算机、移动通信和卫星定位技术的飞速发展，信息技术必将在交通运输领域扮演越来越重要的角色，甚至改变整个行业。于是，中国智能交通从 20 世纪 90 年代末启动，至今已成为提升交通管理和服务水平的重要技术手段。京、沪智能化交通管理系统达到世界先进水平；中国主要城市公共交通系统全面推行 IC 卡支付；高速公路电子不停车收费系统（ETC）将在今年年内实现全国联网收费。国家高速公路运行监管系统也初步建立，已经有几十个城市开通动态交通信息导航服务，交通广播和导航系统更是几乎每个开车人都在使用。

如今，ITS 中心科研还在不断地探索着世界智能交通发展的前沿方向：合作式智能交通系统、“互联网 +”时代智能交通的新业态、新时代智能交通技术标准的新方向……

永远保持技术的敏感性，永远关注时代和社会对智能交通提出的新要求——20 多年来，这似乎已经成了这支 ITS 科研生力军的工作和思维习惯。

▼ITS 中心职工活动

廿年一剑　助推ETC全国联网

每当节假日来临，车主经常在高速公路收费站排起大队，交卡、交费、领卡……每次出入省界都要重复这样的困扰，今年9月底，这个局面将彻底被改写：全国29个省（区、市）将实现ETC联网运行，届时广大车主将能够享受“一卡畅行全国”，方便又高效，由于此举还可以减少车辆在收费站停车、启动的次数，降低燃油消耗，使尾气排放量也大为减少。

极其简约、快捷的用户体验背后，通常背后都需要一个庞大的技术体系来确保系统的稳定运行：首先要有一个全国通行的技术标准保证全国各地ETC能互联网互通，其次联网之前必然要经历各地建设技术支持、区域联网技术支持、全国联网技术测试和实车测试等诸多环节。“20世纪90年代，ITS中心就开始了对ETC技术中国标准的探索和建立，最终我们结合中国国情在国际上首创了双片组合式ETC国家标准。近20年来，ITS中心的科研人员全程参与了ETC在中国从无到有、从技术标准到联网运行全过程的技术保障与服务工作。此时此刻，我们还有多位同事在全国数百条ETC车道上进行实车测试，就为了从技术上确保ETC全国联网的顺利推进。”中心副主任杨蕴说。

的确，近一年来，ITS中心电子收费与数据安全研究室的肖迪、李汉魁、卢立阳等人分赴全国29个

▲ ITS 中心研发人员测试系统

省市开展 ETC 车道实车测试工作，这是一次时间紧、任务急、作业点多面广的工作。“这一年来，我们基本没有节假日，风餐露宿，外场在哪，我们的工作地点就在哪。晚上经常要住到村里去，没有热水、不能洗澡的农房，还要与苍蝇蚊子为伍。”肖迪说，“吃饭呢，经常是站在车道口捧着盒饭就吃了。”新入职不久的卢立阳说，“一毕业工作，就接受了这么‘高大上’的任务，深受鼓舞，虽然条件艰苦，但是每天都觉得很有干劲儿！”

随着应用范围的不断扩大，ETC 相关设备的研发和生产也随之风生水起。在智能交通尤其是 ETC 领域，中国市场上的 ETC 产品有 80% 来自于中国本土企业，这正是相关国家标准的建立给民族工业创造有利发展机会的体现。“可以说，一个ETC国家标准，带动形成了一个ETC产品民族产业。”ETC生产厂家之一——深圳市金溢科技股份有限公司董事长罗瑞发评价说。

除了ETC，在全国路网管理与服务、城市交通智能化、物联网与节能减排、智能交通软件服务系统规划建设等多个科研领域，都可见ITS人踏实又忙碌的身影……“是金子总会发光的”，这个团队曾多次获得全国青年文明号、国家科技计划执行优秀团队、交通运输行业科技创新团队等诸多荣誉称号。

ITS中心主任、全国交通运输系统先进工作者李斌谈起团队信心满满：“对于一个年轻的科研团队来说，最让人欣慰的是80后、90后的员工都十分热爱自己的工作，十分清楚自己的科研工作对行业和国家的重要意义，用‘中国梦’情怀和担当不断推进智能交通科研工作走向深入。”

公路交通综合试验场项目前期工作回忆

毛文碧 ■ 原公路所副所长

20世纪80年代，开始经济建设的中国，到处都是热火朝天。我们科学研究单位也不例外，也敞开大门，热情接待来自世界的宾客，正是有朋自远方来不亦乐乎！

在接待英国的TRRL研究所客人的时候，他们介绍了一个野外试验场（呈8字形），主要用于汽车性能试验。学术交流后，公路所的领导和汽车专业的专家也计划建设一个自己的试验场。考虑到征用土地比较困难，就准备在北京郊区建设。

当时公路所的所长是蔡国宏同志。他非常关心试验场的建设，专门派我（我当时在公路所科研处）去了解筹备情况。

蔡所长安排我到汽车运用研究室参加了一次筹备组讨论会。会后，我就动笔给蔡所长写了一个参加会议的感想和建议，主要强调了三点：一是要按照交通部的基本建设程序，首先立项；二是要突出公路所是一个综合研究所的特点，建设综合性的试验场，应该考虑公路，桥梁，汽车等相关专业；三是大型设施建设，不宜用租地的方式，宜征地建设。

蔡所长看了我的书面意见后，在所务会上专门进行了研究。之后蔡所长找我谈话，传达所务会的精神，说我的意见比较好，原则采纳并希望我牵头组织专门班子，按照基本建设程序开展研究工作。这里我要特别感谢曾威同志，是曾总通过他的关系把美国俄亥俄州立大学的试验场材料找来，供我们学习研究。

当时，要不要建设综合试验场，从交通部科技司到公路所，都有不同意见。

公路所内部，有人说这是打着综合试验场的旗号搞汽车试验场；而有人更对我说，等到他们家的孙子上班时，这个试验场有可能搞成。总之，有一些人在看笑话。但是，交通部科技司张德洪司长和蔡所长态度坚定。没有他俩的支持和决心，可能试验场就建不成了。

由于当时交通部科技司内部对建设综合试验场也有不同意见，所以，时任交通部部长钱永昌同志于1985年的3月8日专程到拟征土地的现场进行调研。1985年3月7日晚，交通部科技司司长张德洪同志给我电话，说钱部长要去现场考察，让我一个人去就行了，不要惊动公路所的其他同志，也不动用公路所的车，他负责找车。1985年3月8日上午，李海渊同志开车，张德洪司长和科技司一个副司长坐在车上。我上车后，就在前头带路，车到了现在试验场的北面小河边上停下，钱部长、张德洪司长等下车察看。我向钱部长汇报了建设综合试验场的必要性和关键技术等。钱部长耐心听了我的汇报以后，只问了我一个问题，“这块地能征下来吗？”我回答，只要部里支持，我们一定争取把地征下来。

▲1987年科技司张德宏司长（左）陪同钱永昌部长（右）在通县大杜社凤港减河桥试验场拟选址地踏勘

后来听说，钱部长在部内一次小范围会上说，改革开放，我们要走出去，引进来，公路所征地搞建设，和国际接轨，发展公路交通事业，部里应该大力支持才对。总之，能把地征下来，是钱部长支持的结果。

这以后，主管副部长召集计划司、财务司和科技司开了一个讨论会，蔡所长派我参加会议。会上，张德洪司长让我汇报试验场项目的重要性、关键技术、世界水平，等等。时任财务司长郑仁州司长打断我的话说："请你不要讲得那么细，我就问你一句话，请你如实回答，多少钱一亩地"。我回答："京津塘高速公路多少钱一亩我们就多少钱一亩"。郑司长又问了一遍，我的回答没有变。郑司长当场表态，如果按照京津塘高速公路的每亩价格征地，可以批准这个项目。就这样，项目的关键步骤得以推开，后面是正式开展工作了。至今，每每忆及此事，我就一定想到郑司长，感谢郑司长，是他的一句话，奠定了建设试验场的基础。

此后，在蔡所长等所领导的积极支持领导下，以我为主的筹备小组成立了，着手按照基本建设程序进行研究、开展工作并逐级上报审批。

筹备小组的第一件事是组织进行公路交通工程综合试验场项目的可行性研究并且编制项目建议书。

按照当时的规定，超过三千万元的项目都必须上报国家计划委员会（现为国家发展改革委员会）审查批准，所以第一步工作就是项目必须经过交通部上报国家计划委员会。当时国家计划委员会是由交通司和重点项目协调司具体负责审批的。

可行性研究报告编写小组的组成人员是：报告负责人刘以成，技术顾问曾威（教授，一级高级工程师），蒋璜（教授），参加编写人员有：毛文碧、王迪荣、王嘉惠、杨文显、丁文昌、刘向东。

◀ 1993 年毛文碧副所长（后）陪同郑光迪副部长（前）考察试验场

在可行性研究的基础上，编写了项目建议书，并于 1985 年 6 月 15 日正式以所文报送交通部计划司。

项目建议书上报交通部计划司后，如石沉大海没有了消息。蔡所长派我到交通部计划司年度处询问后才知，送去的文件找不到了。我回所后赶紧安排打印了一份送去。此后张德洪司长还专门与计划司的林平亚副司长进行了沟通。在林副司长的直接关心下，项目得以顺利推进。

为了顺利开展项目，张德洪司长和蔡所长还派我专门向当时公路局的杨盛福同志做了汇报，得到杨盛福同志和公路局的支持。

在张德洪司长、林平亚副司长的关心支持下，计划司主持对公路所报送的公路交通工程综合试验场项目建议书［(85) 交路科字第 106 号文件］进行专家评审。专家评审通过后，交通部以 (85) 交函计字 453 号文上报国家计委。并按照国家计委的要求，对项目建议书一次次进行了认真修改，并一次次请相关专家审查，时间用了近一年。一直到了1986年，国家计委以计交［1986］1062号文作出批复，原则同意交通部筹建公路交通工程综合试验场。

今天我们回顾这段历史，绝不能忘记张德洪司长、林平亚副司长、杨盛福总工（他当时在交通部公路局）、曾威同志、蔡国宏所长等同志，是他们高瞻远瞩的思想和卓越领导，才使得占地3633.22亩的公路交通工程综合试验场项目得以实施。吃水不忘挖井人，让我们记住他们。

这里，我要特别感谢的是当时通县大杜社乡的领导杨世俊同志，是他的鼎力支持，我们才得以推进试验场项目的建设。我这里抄录他的一首词，作为历史证明。这首词是：

心欲碎，为经济振兴而劳累。饱经流言和蜚语，谁知功和罪。事难成，谁知我心情。赤橙黄绿青蓝紫，酸甜苦辣难说清。意志坚，革命何须听此言，真理靠实践检验，千秋功罪后人评。

——建交通部试验场有感（1988年3月9日）

在北京市相关方面的大力支持下，公路交通综合试验场最终得以在通县大杜社乡征地建设。

情愫

二十八年　弹指一挥间

——怀念刚入职的那段时光

李旭光 ■ 汽运中心

时光荏苒，日月如梭。转眼间，我在公路所（院）工作已经二十八年了。回首往事，让我记忆犹新的，还是刚入职的那段时光，青涩、懵懂、新鲜，每每想起，依然就像昨天发生的一样。

◎ 报到——初识公路所

1987年的盛夏，我告别大学同窗，只身从长春前往公路所报到。

那时，北京2号地铁尚未全线开通。一路上，我边走边问，从北京站到前门，再换乘22路公交，到北太平庄，又步行向西，总算找到了公路所。

当我满怀憧憬、风尘仆仆地来到西大门时，眼前的景象却让我深感意外和失望——锈迹斑斑的铁栏大门内，一条龟裂不平的水泥马路向里延伸；路南一片简易板房，高矮交错，杂乱无章；路北的大楼像是刚刚启用，有人向里面搬着老旧的桌椅书柜；院内空地上，杂物横陈，黄土朝天，一阵风来，卷起滚滚沙尘。要不是砖墙上的字牌标示，我怎么都难以相信，心中高大上的中央部委研究所，竟是这个形象！

曾经丰满的梦想，在骨感的现实面前，顿显苍白与滑稽！想起离校前，同学们对我将要奔赴首都研究所工作流露出各种羡慕嫉妒的表情，我不禁黯然神伤！

可是，那时候大学生就业，全是国家统一分配，很少有自主选择或者再次分配的机会。就这样，带着些许失落与无奈，我踏进了这扇大门。

那一年，公路所共接收了15名高校毕业生。随后的报到流程倒很顺畅。人事处、财务科很快办好了入职手续。总务科派车到车站，帮我们拉回了托运的行李，还为每人配发了新的办公桌椅、书柜、衣柜、木板床。

为了让我们尽快熟悉环境，融入新的集体，开始新的生活，人事处组织我们同年先后入职的中专、高校两批毕业生，集体游览了十三陵和八达岭长城。

▼ 1987 年新入职员工于八达岭长城合影（后排左三为笔者）

随后，公路所团委又召开了迎新茶话会。那时的团委书记宁延令同志，现在已经是中纪委监察部的领导了。迎新会准备了水果、瓜子、糖，几乎所有的单身青年都参加了。大家作了自我介绍，表演节目，做些趣味游戏，欢声笑语中，气氛热烈，其乐融融。

整个报到入职过程，忙碌、充实，又处处透着新鲜，这使我们逐渐消除了身处异乡的陌生与紧张。领导与同事们悉心的呵护与关爱，让我们充分感受到了家一样的温暖。渐渐地，我们开始认同公路所的价值，逐步接受某些发展中的不足，自此同舟共济，彼此相携，扬帆开启人生新的旅程。

◎ 生活——简单开心

20 世纪 80 年代，是典型的慢生活时代，日子虽然清贫，但精神上悠然自得。

那时单身的我一日三餐离不开单位食堂，所幸价格还算厚道，每月三十元左右。至于饭菜口味，你懂得，不能奢求！尽管如此，我也很少下饭馆，伤不起！有一次在王府井，还是偏居一隅的小店，我们三人涮羊肉，竟然要十八元，比我当时月收入的四分之一还要多！

那个年代，一切凭票，粮油定量。若是到外地出差吃饭，要用全国通用粮票兑换成地方粮票或者内部餐券。在京内因公外出时，赶上饭点，也没有公务招待，但可以提前申请领取误餐券，每餐定额几毛钱，只能在一些定点饭馆内使用。误餐券印制简陋，没有防伪，但也没有听说过盗印和倒卖的。

说到单身的住宿，我们也算得上是颠沛流离了。我们先是“潜伏”于地下室招待所，继而转战地面简易板房，最后才住了单身楼。楼房的优越自不必说，地下室和简易板房则让人苦不堪言，尤其是夏天，闷热局促实在难熬。

雨季的地下室，潮湿阴暗。如遇大雨，则水漫金山，脸盆、拖鞋尽在积水中飘荡，走廊要垫起一溜方砖才能进出。好在那时年轻火力壮，思想也单纯，每晚大家守着走廊里的一部电视机，饶有兴致地看着《乌龙山剿匪记》，也没有觉出任何不适，或者有啥不妥。

后来，我们奉命转移到简易板房，生活就此从“水深”走向“火热”。盛夏的简易板房，简直就是一个大型烤箱，晚上泼一盆水到地上，就会腾起阵阵热浪。人躺在床上，汗流浃背，辗转反侧，久久难以入眠。

年轻人天性爱玩，扑克牌是我们的最爱。拱猪、敲三家、双升级，玩得不亦乐乎。闲暇里，有人对着走廊一喊，那就是打牌集结号，很快便能聚起一屋子打牌和观战的。后来我们又练起了桥牌，还多次参加了人民大会堂的国际桥牌通信赛。

再往后，不少人到了少年钟情、少女怀春的年纪。那时候找对象，同学老乡自然是近水楼台，还有热心人的拉郎配。北京电视台的交友节目《今晚我们相识》那时候很火爆，不弱于现在的《非诚勿扰》，但跳交谊舞当属结识异性的最好途径了。起初，多数单身对各式舞步还很陌生。此时，从上海毕业的几位仁兄自告奋勇，热心传艺。一时间，单身们的习舞热情空前高涨，教与学彼此相长。曾有某位仁兄，在宿舍里没有舞伴，便独自平端木椅，和着曲子竟也翩翩起舞。

学了三招两式，“屌丝们”便迫不及待了。他们换上正装，抹把头油，蜂拥着杀向周边高校舞场。一开始，我并不热衷于此，只是在一旁漠然相看，甚至对各式奇姿怪态还暗自发笑。可眼见着陆续有人从舞场抱得佳人归，我也开始为之心动。心思一动便有好为人师者帮我速成。待斗胆踏入舞场时，我还是蒙圈了！用宋丹丹的小品语言说，“那家伙，那场面，人山人海，锣鼓喧天”！满园春色中，我眼花缭乱，茫然不知所措！同来的小伙伴们，热心帮忙拉来舞伴，我却全身拘谨，手忙脚乱，心思全在找节奏、别踩人脚了，其他的则一概无暇顾及。不多时，我便铩羽而归了。

那个时期，交通部和公路所会定期组织各类棋牌文体比赛。1987 年秋，在先农坛体育场，交通部举办了第一届运动会，我参加了青年组 1500 米比赛。因是刚刚毕业，学校长跑的老底儿还在，我最终获得了第五名，奖品是一个白色塑料壳磁化水杯。

▲1987 年作者参加交通部第一届运动会 1500 米比赛

逢年过节，单位会发一些生活福利，但没有太高档的物品，一般都是瓜、果、蔬菜、米、面、鱼、肉等日用副食。分配场面很是热闹，“不患寡而患不均”。各部门的办事员带着年轻人，把东西拉到试验室或办公室，按人数在地上分堆，标上号码，然后抓阄，每人按抓到的号码领取，皆大欢喜。

领导——宽厚仁爱

20 世纪 80 年代，大家的收入水平都不高，领导与群众的生活差异不大，外出也是坐公交，或者骑自行车。

我们刚来公路所时，领导还是蔡国宏、朴河鸿、毛文碧、赵凤娟四位前辈。作为新员工，我们与领导们的接触机会并不多。但有两件小事让我们感受到他们的宽厚体恤和平易近人。

第一件事，要从单身申请“高温补贴”说起。

前面提到过，单身宿舍夏季酷暑难耐，这让我们几个新来的初生牛犊，萌生出向所里争取高温补贴的想法。我起草了申请报告，动情地阐述了我们这些单身青年如何饱受煎熬、夜不能寐、食不甘味、衣带渐宽、人渐憔悴，并引申到如不尽快解决，必将妨碍一代青年人的健康，进而影响到公路所的长治久安和未来发展等等。

为了提升影响力，我们署名后，又邀约其他单身加盟。那些单身前辈们感同身受，便争相呼应了。最后，这封有几十人签名的申请报告交到了所里。起初几天，我们觉得风光无限，暗自得意，但很快心里便像赵本山小品描述的那样，特别矛盾，特别压抑。细想想，这事儿是不是整得有点大？领导会怎么看我们？同事们怎么看？同龄人又怎么看？今后在公路所怎么混？

几天后，总务科来人了，拿着高温补贴发放表，让我们签字领钱，每人三十元，还给加配了电风扇。哇，万事大吉！原来，所领导收到报告后很重视，其实他们也很了解实际情况，因为，单身宿舍之前也曾经做过所里的周转办公室。我们悬着的心终于放下了，在暗自庆幸之余，既感谢所领导们的宽宏大量和体贴入微，也对我们这次行为的简单冲动进行了反思。

第二件事情，是关于朴河鸿副所长的。

还是在毕业离校前，学长送了我一本《吉林工业大学在京校友录》，告诉说，公路所有很多校友，其中还有一位朴姓的副所长，到了以后可以拜访一下。

那会儿年轻，无所顾忌，报了到，我便去办公大楼找朴所长。传达室大爷把我拦下，问明了来意和身份后，说朴所长没在，让我留下姓名住址，他来转告。我以为这是在委婉拒客，反正也没啥要办的，就没再把这事放在心上。

吃完晚饭后，我们几个新来的同事在地下室聊天。这时，门口来了一位戴眼镜的儒雅男子，敲敲门问，“请问哪位是吉林工大来的小李？”我连忙起身应答。他随后自我介绍说，我是朴河鸿，白天外出了，回来后听说你来找过我，吃完饭没事了就过来看看。我一听，心中一热，不知道说什么好，就叫了声，朴所长好！旁边的小伙伴们，一看所长是来找我的，纷纷起身就要回避。朴所长笑着对他们说，都别走啊，坐下一起聊嘛。大家有些疑惑不解地又坐下了。

朴所长挨个问了每个人的学校和专业后，开始介绍公路所的总体情况，并指出了我们每个人可能的发展方向。说到我时，朴所长先介绍了材料室正在研究的反光膜，回归反射的效果如何好、工艺如何精密、市场前景如何广阔、如何打破进口垄断等；随后又给我们讲述了试验场的概念、国外建设情况及其对于我所的道路、车辆、交通工程等科研发展的意义等，并建议瞄着这几个方向去发展。朴所长的话语亲切，富有感染力。大家慢慢地也就放开了，一直聊到很晚，仍然意犹未尽。事后大家问我，你和朴所长到底是啥关系？我告诉他们说，原本素不相识，只是报到后才贸然拜访，但也未见到朴所长本人。大家听闻后都难以置信。

再后来，我们对朴所长有了进一步的了解，知道他早年留学过日本，思维活跃，视野开阔。早在20世纪七八十年代，他就开始研制钠硫电池，也大力主张我所尽快建设综合试验场，只可惜后来因身体不佳，英年早逝。

◀1987年朴河鸿副所长（左一）与汽车室员工座谈

◎ 工作——平淡充实

“高亮度道路反光标志膜研制”课题，是公路所材料室承担的国家“六五”科技攻关项目。我们报到时，课题已完成了前期工艺研究、材料选型、样品试验，正在开展中试样机研制，需要一些熟悉机械、化工的人员参与。就这样，学汽车设计的我，和分别学筑机、发动机、化工的乔希永、甄月棉、邢波四人，一起被分到了材料室工作。

办公场所就设在东楼一层南侧的压力机试验室

▲交通部公路所首届职代会代表合影（前排左五为朴河鸿副所长）

内。试验室分为南北两大间，南间安装了三四台大型压力试验机，北间中央是两排化学试验台，最北侧是新研制的小型涂布机、热复合机。

工作了一段时间后，我们才逐渐了解到，材料室的整体情况比较差，经济收入在全所垫底。那时候，每周四下午我们都要进行政治学习。大家挤在主任办公室里，轮流朗读报纸，其他人则心不在焉地听着。常常是刚刚读了一会儿，刘书套副主任就操着浓重的河南口音说：“不念了，天天念报纸又管什么用？大家说说看，有啥好的创收办法？你们几个新来的年轻人，脑子活，也帮着多出出主意。”

刚开始，我们少年不知愁滋味，看看一起毕业的工资条都一样，每月 70 元整，就没有特别在意。可到了年底，这差别就来了。别的部门在工资之外，还会有几十元到几百元不等的奖金。而我们，就像那杨白劳，一年下来，劳而无获。后来，还是室主任向所长借了些钱，才勉强给每人发了四十元的年终安慰奖。那一年，我的全部收入是 880 元。

材料室虽然经济上不景气，但有胜人一筹的地方，那就是拥有当时公路所的第一台个人计算机。要知道，其他单位真正用上个人计算机，还是在十年以后。说起来，这还要感谢一位名叫龙建的材料室工程师。

龙建 15 岁插队内蒙古，繁重劳动之余，坚持自学外语、数学。恢复高考后，他第一批考进大学，毕业后来到公路所，仍好学不倦，还酷爱了解计算机。个人计算机刚一面市，他就极力主张添置。最后课题组买回来一台，花了四五万元，还专门在试验室内，隔出了一间铝合金机房，倍加呵护。

当时的个人计算机还是 MS-DOS 操作系统，都是字符式命令。处理汉字要安装硬件汉卡，以功能键加字符来定义字体和字号。操作使用个人计算机的门槛很高，一般人一时无从下手。为此，龙建还专门组织了几期计算机培训班。

我们到材料室时，培训已经结束。我借了同事的手抄笔记，从头一点点学了下来，其间不时也向龙建本人请教，就此打下了一些个人计算机基础。闲暇时，我们也会偷偷玩点游戏。当时的 8086 芯片运行很慢，可玩的游戏不多，我们经常玩的是“挖金子”“抓小偷”。尽管画面就像卡通版动画一样，一顿一顿，慢吞吞的，但我们还是很着迷，有时为了通关破纪录，常常熬到深更半夜，杀得昏天黑地。

在日常工作中，龙建也常常以身说教，告诫我们，要趁着年轻，多加学习，练好本事，做个有用的人。否则，等到将来岁数大了，别人、甚至连自己的孩子都会瞧不起你。

作为工科生，我本来就喜欢动手动脑。在学习反光膜制作工艺过程中，我也反复琢磨生产样机的调整和改进方法。针对封边工艺的缺陷，我利用压力试验机的工作特点，自主设计出一套机压温控模具，用于最后的成品封边。这一工艺改进，大大提升了样品制作质量和效率，从而能够形成反光膜的半机械化试制流程，用以取代传统的手动滚胶、人工筛珠、熨斗封边的制作模式。此后，材料室恰好接到铁路部门的委托，制作几百个城市道口栏杆反光标志牌。新的制作工艺此时大显身手，确保按时、高质量完成交货。

二十八年，弹指一挥间，留下颇多感叹！经过多年的磨砺，我身上已经留下鲜明的公路院烙印；通过长期的塑造，公路院文化已成为我精神上的家园！曾经，公路院助我前行；如今，我与公路院共同成长；未来，我仍将与公路院荣辱与共！

我的百色情结

刘元鹏 ■ 汽运中心

1985 年 7 月，我从吉林工业大学汽车运输工程专业毕业后，分配到交通部公路科学研究所汽保室(后改为汽车一室）工作。工作后参加的第一个课题是交通部科技项目“东风 EQ140 汽车技术故障规律的试验研究”，该课题的研究主要是为建立新的汽车维修制度提供技术支撑，课题组长为汽保室主任朴钟铉和陈静怡高级工程师。

按照课题的技术研究方案确立了3个省份的试验研究单位，分别为广西壮族自治区百色市、甘肃省武威市和安徽省合肥市。

▲我（右二）和杨瑞峰（左二）、范爱华（右一）第一次到百色

1985年10月，我同课题组成员杨瑞峰、范爱华第一次踏上广西百色的土地，当时对广西百色并不十分了解，到了百色后初次了解了百色。百色为革命老区、少数民族地区、边境地区、贫困地区，主要是壮族，讲广西“白话”和壮语，是邓小平等领导发动的百色起义、右江革命根据地，当时没有通火车，也无高速公路。我们从南宁到百色坐了一天的汽车，中途在平果县客运站停车休息、吃午饭。

承担课题试验研究单位为广西百色汽车总站，为当地国有大型运输企业，有客运站、保养场、大修厂、技工学校、驾校、派出所等机构，形成了当地的一个小社会，对当时交通欠发达地区的交通运输发挥了重要作用。

根据课题的进度要求，朴钟铉主任要求课题组成员到各试点单位进行“蹲点”，一是和试验单位共同开展试验研究；二是培养年轻人的生产实践能力和经验，我被安排到广西百色进行“蹲点”。

1986年春节过后，我一个人提着行囊，乘坐北京—南宁绿皮火车，第二次到达百色，经历北京—南宁火车（两天车程）、南宁—百色汽车（一天车程）。百色汽车总站的领导和百色课题组同志接待了我，安排我住在总站的招待所，住宿费一天6元，吃在总站食堂（当地叫饭堂）。

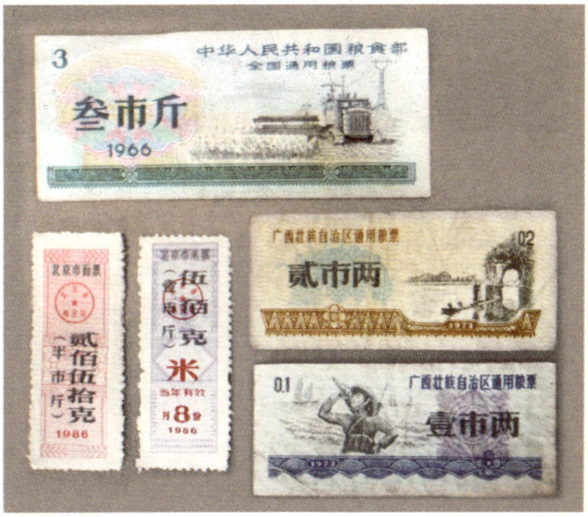

▲北京粮票和广西粮票

每天早上5点左右总能听到客运站播音员播报客运班车出发时间，一般要分别讲当地话和不标准的普通话。在饭堂吃饭，当时我要交从北京带来的全国粮票，才能换饭堂的内部餐券，因为当时国家对粮食是计划供应的。

随后是和百色课题组的成员一起工作。

总站领导为我安排了一个办公桌和一辆旧自行车（当时叫公车），后来自行车让我给弄丢了，还去派出所报了案，申报财产损失50元，接近我一个月的基本工资，后来也没有破案。

按课题研究要求，确定了20辆试验车，主要工作是结合营运生产对试验车辆进行故障规律的统计、

▲我（左二）和百色的课题组成员合影（左一为石生宁科长，右一为李日明，右二为总站詹益修总工）

分析；检测诊断、维修记录；润滑油取样，并将油样托运至北京所里进行理化性能分析等常规工作。

我还跟车试验，很辛苦，去过当地的平果、田东、田阳、田林、隆林、靖西等县，运输的货物主要有甘蔗、矿石、煤、粮食、香蕉等，驾驶试验车的师傅们也喜欢带我去。他们在试验车的车门和前保险杠上喷上了红字“交通部试验车”，我想这样做能对项目起了个宣传作用，但师傅们有时弄个交通违章叫警察抓住，也会利用这几个红字，找理由搪塞过去。

由于自己刚刚毕业，对汽车检测诊断、维修作业项目、生产工艺等还不十分了解，我主动向百色课题组负责人总站厂技科石生宁科长、李日明工程师二位学习请教，学到了课本上学不到的知识，他们也成了我的老师。

之后的工作，我往返于北京、南宁、百色多次，直到课题试验结束，基本上在百色“蹲点”两个多月回北京一次，按这个工作周期进行循环。工作和生活上也得到广西交通厅梁承宪副厅长、科技处张盛云、李茹柏、马自求等领导和运管局陆峰科长的关心，张盛云处长还专程到百色看望过我，我很感动。

百色属亚热带季风气候，最使我记忆深刻的就是夏天天气太热，那时房间没有空调，只有吊扇，不过风也是热的，晚上睡不好觉，身上还起过痱子，但冬天气候还是挺舒服的，树也是绿的。

在总站饭堂主要吃炒鸡蛋、空心菜等，我最喜欢吃的是百色的米粉，连交通厅科技处的领导都知道小刘爱吃米粉。

工作中我主要在保养场和大修厂，和师傅们一起工作，成了朋友，他们直爽、善于交流和开玩笑，但我听不懂他们说当地话。

晚上工作之余会在房间看看电视，看看新闻、电视剧，还有足球。不过那时电视是黑白的，12 英寸，电视频道一共才几个。

在百色工作之余，我融入了当地的生活，百色人很好客。我到他们家里吃过饭，喝过酒，还吃过狗肉，一起去过人称小桂林的“靖西”旅行，参加过朋友的当地风俗婚礼。

百色总站大修厂周六晚上有时有舞会，还是乐队伴奏，我也参加了多次，舞步、舞姿练得还不错，还参加了他们的乐队，学会了当时热播的电视剧《吉他歌手》中的插曲《人生小站》，这首歌当时在百色很流行，歌曲反映了在人的一生经历中，友情、爱情常常会接踵而来，也会擦肩而过，经历过，会懂得更加珍惜。这也许是体验人生、丰富阅历、收获回忆的一个历程。现在我还能哼唱几句："记得那是夏季，天气多风又多雨……面对面两列火车，擦肩各奔东西，这也是命里注定，有相聚就有分离……"

经请示所领导批准，在百色期间，我学习了汽车驾驶，教练姓蒋，很严厉，脾气大，教练车为苏制"嘎斯 130"和一汽老解放 CA10B，一车一组共 8 个学友，

▶ 我和"交通部试验车"（1987 年）

我和总站保养场张文学指导员（当地叫指导员，实际上是专职党总支书记）在一起。

教练车转向盘没有助力，转向需要力气，变速器没有同步器，挂挡是门技术。由于百色大多是山区道路，路窄、坡陡、弯多，车很不好开，有时会车挺危险，更不敢超车。

蒋教练曾带我们学友去过和百色交界的贵州兴义、云南富宁。有一次在路上遇见有车队经过，后来看报纸说赵子阳来百色了，之后也报道胡耀邦到过百色。1987 年 7 月我正式获得大货车驾照，之后驾照转回了北京，现在看也算是个老驾驶员了。

当时的百色通信并不发达，电话机是黑色的，话筒很重，一般往北京打长途电话需要半天时间。有工作上的急事需要请示的，我一般发电报，公路所的电报挂号为“6516”，当时我所的地址为北京市海淀区北环西路 12 号。

我去百色时已认识我爱人，那时我们正在谈恋爱，主要方式是写信，写好信后再去百色邮电局投入邮箱，一般一封信要走一周才能到达北京，这些信我还一直保存着，包括我去日本研修时我俩的通信，算是我俩感情交流的见证吧。

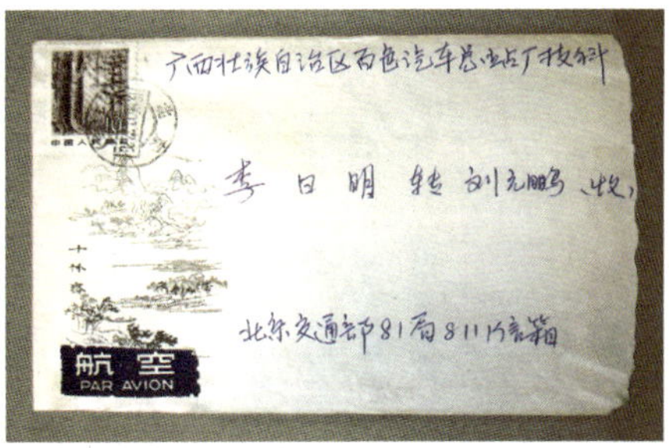

▲百色期间我爱人给我的来信

1987 年 12 月课题试验基本完成，我将离开百色，课题组成员为我送行，晚上一起喝了当地的“蛤蚧雄睾酒”，当地人喜欢喝，有补体作用，第二天石生宁、李日明、小温子一行送我到南宁火车站，搭乘总站的客运班车走了一天，带了当地的香蕉和芒果等土特产，乘上了南宁回北京的火车。当时火车卧铺票很不好买，每次回北京都是交通厅科技处的领导帮预订的。

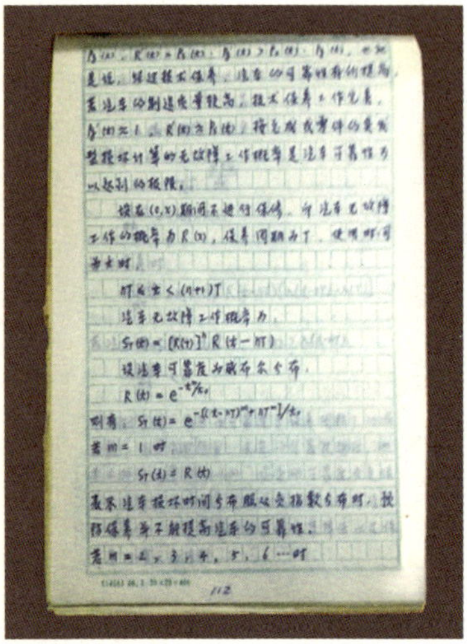

▲手写的课题报告

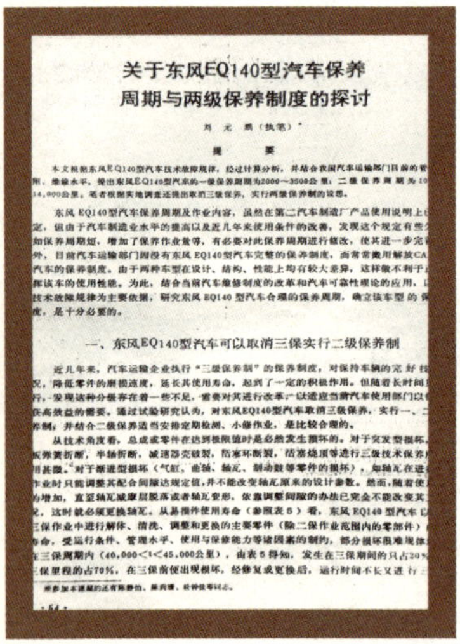

关于东风EQ140型汽车保养周期与两级保养制度的探讨

一、东风EQ140型汽车可以取消三保实行二级保养制

▲1988年在《公路交通科技》上发表的第一篇论文

回北京后我把百色的试验成果进行了整理和汇总，并着手编写课题研究报告，由于当时计算机还不普及，只能靠手写报告和绘图。该项目经交通部鉴定后，获交通部科技进步三等奖。

1988年，在所里《公路交通科技》上我发表了工作后的第一篇论文《关于东风EQ140型汽车保养周期与两级保养制度的探讨》，论文中我采用了汽车可靠性理论，以技术和经济相结合，研究提出了汽车保养周期的确定方法，论文中的数据来自于生产实际，真实、准确，可以说百色的“蹲点”为我之后的科研打下了良好的基础并形成严谨的科研作风，积累了工作经验。后来我在编著出版的《汽车维修质量控制和管理》《营运车辆综合性能检测管理及技术应用》书中也借鉴了当时的可靠性理论和方法。

1989年朴钟铉主任和我承担了交通部“汽车检测诊断设备在汽车维修生产中的应用”重点推广项目，后来上升为国家科委“汽车检测诊断新技术”推广项目，我所被国家科委认定为技术依托单位，推广面达

▲1992 年我和朴钟铉主任（左）合影

到17个省份，百色总站再次被选定为试验推广单位，在试验推广中发挥了技术优势作用。

为做好课题成果推广，贯彻实施交通部13号部令《汽车运输业车辆技术管理规定》（1990年），1991年初，我主持编写了推广项目录像剧本，我是编剧，带领交通部声像中心摄制组赴百色进行现场拍摄，得到广西壮族自治区运管局和百色总站领导的支持和帮助。此行又见到了昔日的老朋友，老朋友们见面显得格外亲切。

▶我（左一）在百色总站拍摄推广录像片

1992年初，我们选定广西百色为推广项目的现场验收会议地点，来自全国各地的运输管理、维修企业的200多代表来到革命老区百色参会。他们为能来邓小平发动革命起义的地方，辗转几千里，不怕路途劳累而感到自豪，特别是东北地区的代表还穿着棉衣，到百色已经是汗流浃背了。

会议由当时部科技司楼汉铮处长主持，朴钟铉主任汇报介绍了项目推广实施技术方案和取得的效果，运管司车辆机务处康文仲处长、王水平及广西壮族自治区交通厅田厅长参加了会议。

会后我们对推广资料进行了整理、修改、完善，形成了《汽车检测设备在汽车维修生产中的应用》推广教材和录像片，并首次在行业中建立并实施了《汽车维护工艺规范》（JT/T 201—1995）行业标准，对营运车辆技术管理的制度化、标准化方面起到了基础性作用。由于推广资料封面为蓝色，行业中简称“蓝皮书”，在行业中产生了一定的影响，该会议在行业中称为“百色会议”，成为维修制度建立的新的起点。有时遇见行业中的老领导，老专家他们也对“百色会议”记忆犹新。该项目经鉴定后，荣获交通部科技进步二等奖。

▲ 行业中的“蓝皮书”——《汽车检测诊断设备在汽车维修生产中的应用》

冬去春来，风雨阴晴，时间匆匆而过，尽管后来我又从事了其他工作，但和百色的友情并没有中断。我与广西南宁的领导、朋友以及百色的领导、朋友也在工作中保持联系，他们到北京时有时间也见面细叙往事，也到我家里吃过饭，吃我爱人包的饺子。

▲朴钟铉主任（左一）向西藏交通厅运输处刚登处长（左二）赠送“蓝皮书”

2007 年我承担了交通运输部西部交通科技项目“汽车维修企业维修质量控制关键技术研究”，需要到西部地区进行现场调研，在完成其他西部省份调研后，考虑到百色的情结，我确定再次赴百色进行调研和故地重游。

2008 年冬季，我带队课题组成员再次赴百色，先到南宁，在交通厅科技处马自求处长、运管局钟明生科长的帮助下来到百色。此时感觉到百色的交通变化很大，通了火车（南宁—昆明铁路），有了高速公路，从南宁到百色（走 G80 或国道 324）不用一天了，3 个多小时就能到达。

让我更高兴的是见到了石生宁、李日明两位老师，他们已经 70 多岁了，身体还好，一起吃饭，喝了酒，不过我喝醉了。听百色运管处的领导说，他们经常请两位专家给运管处、检测站、维修企业的技术人员授课，两位老师还在为交通耕耘着。

这次我又住在了总站的招待所，房间装修比以前要好得多，从房间窗外仍旧能见到客运站发车的地方，早上还能听到客运站播音员熟悉的声音。

以前住过的楼房还在，我也去看了一下我曾经住过的房间。

在百色调研期间，对维修企业、检测站、运输企业进行了广泛了解并召开了座谈会，感到企业的发展思路、质量管理、人的市场观念等发生了较大的变化。

业余时间我去百色城里走了一趟，故地重游。百色称为鹅城，城市街道为一“口”字形，坡道多，右江擦城边而过，从南宁方向来要过右江大桥。感觉城里街道变宽了，干净了，绿化也很美，高楼也多了，路上行驶的轿车多了（车牌号码为桂L），街道两边服装店、饭馆等变得很多，还有KTV，不过很遗憾没有找到当时我经常发信的邮电局。

这也是我近期最后一次去百色，我想以后还有机会再去见百色。想起当时的感受，赋诗一首：

半绿翠色风林雅，一路走到小街前；
满目青山不遥远，小城景色入心田。

时光荏苒，留下为理想奋斗的每个人的脚印。

心灵中不断涌动的源泉，激励着我们、他们、你们，在努力编织好人生的作品。

回想起百色的工作、生活故事，这段情结从头算起来已经30年了，伴随我在公路所成长。

百色的人、百色的山、百色的水及风土人情，还留在脑海之中。

这里是我在公路所工作的起点，也收获了很多，积累了很多，值得回忆和留念。

家有一老　如有一宝

——向“七八条枪”致敬

何培舟 ■ 北京交科设计院

我于2009年7月来到设计院，在机电所从事收费系统设计，与我一起来院的有十多位同事。由于来院的新员工比较多，单位开展了一系列培训，涉及方方面面，培训老师除了有院内领导和专家，还有院外邀请的专家和学者。培训中除了可以听到最专业的知识讲解，还可以听到很多关于设计院辉煌历史以及“七八条枪”的传说。

由于入院时间较短，我没有更多的机会接触到“七八条枪”，只是有幸接触到其中的几位。虽然只是几位老专家，但他们给我留下了深刻的印象，让我对以“七八条枪”为代表的老专家充满崇敬。

◎ 吴健华——天下计，老臣心

2009 年 12 月，我作为会务人员第一次听到吴老在正式场合的发言，那是在“云南省高速公路收费系统规划”审查会上。参会的有云南省交通运输厅厅领导、各处室的处长、各路段公司的主要负责人、国内知名专家，约 100 多人，我院由何勇院长带队，会上吴老讲道：“各位领导、专家，我叫吴健华，是何院长的一名老兵……”老兵，这个词，让我印象深刻，因为当时吴老年近七旬。吴老发言时的语气、神情，以及作为设计院一分子的自豪感，不禁让我想起三国时期的蜀相，鞠躬尽瘁，死而后已。

吴老是从事通信系统设计的老专家，我则是从事收费系统设计的新员工。吴老平常喜欢跟年轻人在一起，尤其喜欢跟刚入职的新员工在一起，他从不关心你从事哪个专业设计。午饭时和年轻人坐在一起聊天，开会时带着年轻人一起参会，对年轻人寄予厚望，他总是讲：“我们是国家队，我们是中央设计院，要引领时代的潮流。设计院的明天要靠你们这些年轻人，你们要好好努力。”

◀吴健华

高胜辉——两鬓斑白，不改初衷

第一次接触高胜辉老先生是刚入职不久，当时想上知网查论文，同事说高老有知网的账号和密码。我就过去找高老，高老和吴老在一个办公室，高老在里面那张桌子。进去后，我吃了一惊，高老满头白发，但是工作起来一丝不苟。他非常认真地帮我写下知网

▲ 高胜辉在给辽阳段监控人员讲课

的账号和密码。后来从同事那里了解到，高老从事监控系统设计，是单位返聘的老专家。

高老是行业知名专家，各省市的业主都非常尊敬他，一言九鼎。从吴老那里听到一则关于高老的趣事。有一次审查会，业主单位要按他们的想法对设计进行修改，高老当场表示："如果非按你们的想法修改，那我就不签字。"高老不签字，这事情大了，业主一下就知道了事态的严重性，随即作罢。

高老一直从事监控系统设计，退休后仍然在发挥余热，有重大活动返院时，仍不忘叫上监控专业的同事叮嘱一番。

杨光——身在京华，心在边疆

杨光从事收费系统设计许多年，是我们收费专业的老专家，作为质量审核的审定人，把握着专业的走向和设计文件的质量。由于跟杨总相处时间较长且同属一个专业，我对杨总的了解更全面一些。

杨总身体非常棒，一直是设计院足球队的主力成员，为设计院多次夺冠立下汗马功劳，六七十岁的年纪还跟二十多岁的小伙子一起在赛场上拼杀。院运动会立定跳远比赛他仍能跳出 2.3m 的好成绩，这是很多年轻人都无法企及的。

杨总的好身体为他出差打下了坚实的基础，杨总喜欢西部风光，到西部出差随叫随到，对陕西、甘肃、新疆等西部省份的项目格外关注、充满感情。他及时跟踪项目进展，了解业主动态，跟项目负责人交流想法，当得知新疆非现金支付工程得以推进时，他非常高兴。2015 年，新疆作为第二批联网省份纳入全国 ETC 联网。联网前夕，业主聊天时很是感慨，之前杨总给他们新疆做了地方标准，使新疆的技术全国领先，各省市都来借鉴新疆的经验，现如今由于种种原因，新疆反而落后了。

▼杨光（右二）在京津塘高速公路收费站现场调研

◎ 颜静仪——言传身教，提携后辈

颜静仪是监控、通风、消防、供配电、照明专业的老专家，在行业内享有极高的声誉。她经常受邀参加会议，或者邀请业内专家来院交流。每次颜总都会叫上相关专业的同事和新员工。在交流开始之前，她会逐个对我院参会人员进行深入地介绍，把我们这些年轻人从幕后推到台前。如果你是第一次听颜总介绍，可要做好思想准备，不然会被自己的“高大形象”吓倒。

▲作者与颜静仪（右）参加第七届中国道路照明论坛

颜总对后辈极力提携，不漏过任何一次机会。有一次，甘肃路桥公司邀请颜总到公司做讲座，颜总首先想到的是甘肃分院的崔玮院长。由于甘肃分院刚刚成立，崔院长跟甘肃路桥业主还没打过交道，而这次培训恰恰是认识甘肃路桥业主、开展工作的契机。颜总邀请崔玮与其一同前往，故事的发展也证明了颜总决策的正确性。

◎刘小燕——平淡无华，默默耕耘

刘工，同事们都这样亲切地称呼老专家刘小燕，她是我院从事概预算的专家。你可能记不起她的丰功伟绩，也很少看到她的高光时刻。但回过头看，几乎每个项目都有她的签名。刘工平淡无华，但却一直默默耕耘，为设计院的发展贡献着自己的力量。

刘工不喜欢同事们叫她刘总，喜欢同事们叫她刘工，她像大姐姐一样关心、照顾着周围的同事。做概预算需要与各专业打交道，刘工非常耐心，对于不熟悉的领域，能放下身段向后辈请教。对于后辈的请教，她也非常耐心，能给予细致的讲解。

▲与同事交流工作的刘小燕（左）

时光在流逝，当初的年轻人也在慢慢变老，唯一不变的是奉献，是传承，是对单位的一片赤诚之心。“家有一老，如有一宝”是我对老专家们的印象，希望我们这些年轻人老了之后也能做到老专家们曾经做到的事情。

你有你的盛开
我有我的姿态
——回忆那些年的我们

蒋首卉　袁　莉　高　森　王　利■北京公科飞达公司

人生就像一场花的生命旅程，你有你的盛开，我有我的姿态。从“7386”的“七八条枪”到今天充满蓬勃朝气的我们，一路走来就如花从含苞到盛开。

◎ 蒋首卉，1983 年 8 月入职，原办公室主任，现返聘公司计划合约部

1983 年 8 月的一天，我到交通部公路所上班了，被分配到公路所交通工程室，与我一同报到的还有一位男同学，巧的是他也姓蒋。

对于交通部公路所，对于它所在的学院路 5 号（现在是西土城路 8 号）大院，我最熟悉不过了——父辈们工作的办公楼、试验室，院子里的核桃树、枣树，还有那些从事道路、桥梁、筑路机械、汽运汽保的专家、工程师们的音容笑貌，早已深深地融入我的生活并伴随我长大……如今能成为他们中的一员，与他们成为同事，我倍感荣幸也诚惶诚恐。

带着对工作的憧憬和期待，走在熟悉的院子里，我很自然地想到上班的地方应该是在办公楼里一间明亮的办公室内，然而没想到我竟被带到大院西北角一个不大的两层活动板房前。刹那间小小的失望升起随即又落下：对于在农村插过队的我来说，这算什么？于是我推开一层室主任办公室的房门走进去，狭小的房间因为开着灯显得亮堂了许多。庞曰成主任的亲切问候消除了我初到时的拘谨。他简明介绍了交通工程室的工作，并根据我的学习情况和工作愿望，分配我到标志标线组工作，同时对我今后的工作提出了严格的要求。

▲蒋首卉（左）认真记录

走出主任办公室，一股“天降大任于斯人也”的豪气油然而生，我感到新的生活就要开始了，“交通工程”这个新的名词将与我今后的工作紧密相连，我要像父亲那样严肃、认真地投入到我所从事的科研工作中去，充分实现自我价值。

袁莉，2002年7月入职，现任办公室主任

2002年7月我初到北京，那时候北京的天特别的蓝，透着一股清澈劲儿。直到今天，北京的秋天还会给我一种很特别的感觉，那是一种记忆里才有的感觉，是那年站在小白楼的阳台上，静静闭上眼睛感受到的风轻云淡，微风拂面，沁人心脾的感觉。而就在这里，在北三环边这个质朴宁静的大院里，我遇见了一群工作的伙伴，人生的好友。

我到飞达的第二年，老交工分家了。那天，我记得在五楼，就在我们办公室里召开了全员大会。现在我已完全不记得领导们都说了些什么，那天的会对我就像一个日常例会。散会后，我和研发团队去了试验

场，在那里我们已经初步建立好封闭开发的基地，迎接我们的将是一场对飞达公司具有历史意义的战斗。直到今天，偶然看到一位老领导的回忆录，我才真正了解我所处的那个年代，在飞达的历史上是如何的至关重要。

当时分管研发团队的李丁副主任和孙丹博士带领着研发一部的骨干以及像我这样的一群初入职场的年轻人，加班加点、废寝忘食地编写代码。一大早在二招吃过早饭大家就赶到试验室，晚上一般要到九十点才回招待所休息。那会儿白家酸辣粉成了我和小伙伴最爱的宵夜。当时正遭遇非典入侵北京，所以大家周末也就往往留在试验场自我封闭，与家人很长时间也见不上一面。程序后期在京沈高速公路上安装调试时，我的伙伴们经常连续几天每天跑上几百公里在各个收费站安调，一天模拟数百万条数据进行测试。我的指导老师之一苏鹏有一次坚持两个昼夜没休息，差点晕倒在去试验室的路上。业主后期要求补充开发的收费站报表程序，我当时选择了一朵花的图案做安装图标，直到现在站里还管它叫“小花程序”。

那会儿工作确实辛苦，但大家并不抱怨，因为在团队里有一种无形的力量在影响大家，那就是责任心、事业心和荣誉感。京沈项目被评为跨省市联网收费示范工程，在飞达的发展历程上留下了不可磨灭的印记。

那一年的经历给我未来职业生涯发展打下良好的

基础，那些好伙伴们教会了我如何认真工作、如何开心生活。感谢那一段经历，感谢那一群人生中的良师益友。

▶京沈研发团队合影（二排左四为袁莉）

◎ 高淼，2011年7月入职，现任综合办人事兼宣传专员

还记得2011年的夏天吗？我想，所有和我一样的年轻人都有着同样的感受，生活似乎没有改变却又有很多不一样的地方，再也不用等着过完暑假去学校了，再也没有做不完的功课了……迎接我的是个很美的早晨，我在北京的清晨被洗礼。面对人生的第一份工作，我充满了遐想和期待，希望自己不会让自己失望。

然而在最初的兴奋过后，只剩下陌生的工作环境和尚未熟络的同事。作为一个坐在工程部挂在市场部却干着研发活儿的小小宣传专员，我倍感迷茫。我每天都要面对琐碎繁杂的工作内容——市场投标文件签字、研发项目图纸设计……一转眼，同期到公司的小伙伴们已逐渐步入正轨，而我依然找不到自己的方向和定位。对我来说，那是一段“灰色”的时光。

就在这份空虚中，我想到了创办公司内部刊物《每周快报》，把公司发生的人、物、事及项目工程进展变成文字在这份内刊上发表，与大家一起分享。犹记得第一次出稿后那种焦虑的心情，我生怕自己攒的稿件出现问题，直到OA系统的签收记录里写满了大家的寄语才放下心来。当时狂喜又压抑着不敢张扬的心情，至今仍记忆犹新。

▲北京公科飞达公司快报

时光荏苒，白驹过隙，一晃参加工作至今已有五年光阴。在这五年里，周围的一切都在慢慢地改变，企业在发展，我在成长和成熟，刊物也变得越来越厚重……但唯一不变的是它一直伴随着我，从市场部到综合办，从《每周快报》到《飞达快报》，它的板块模式设置推陈出新，配图排版紧跟当下潮流。因为它，作为职场菜鸟的我得以用更广阔的视角看待我所属的这个企业，及时获取公司的最新资讯，领会领导讲话精神，了解公司项目的进展，学习先进人物的事迹，体会同仁的感悟心得，不断地从中汲取养分，提高自己的业务水准和写作水平。

如今恰逢这份陪伴我5年的刊物出刊68期，68期，它完整地记录了企业的发展，凝聚了大家的心血，汇聚了同仁的思想感悟……我衷心地希望它会陪伴公司一直走下去。

◎ 王利，2015年8月入职，现任市场部投标专员

在2015年如梦如幻的金秋时节，我加入了飞达公司这个大家庭。这是我毕业后的第一份工作，一切对于我而言都是充满新鲜与诱惑的。我参与的第一个大项目就是G30乌塞项目，“举头望明月，低头做标书”是我们团队加班生活的真实写照。即使加班到很晚，大家也都充满斗志，毫无怨言，这或许就是劳动带给我们的力量。记得路遥在《平凡的世界》里写过这样一句话：“一个真正珍视生命、热爱生活的人，不仅具备劳动的良好素质和能力，而且总是满怀热忱地投入到劳动实践中，去享用丰硕的劳动果实与成功创造所带来的欢乐，去获取自身整体素质的开发和生命质量的提高。”时至今日，我终于切身体会到了这句话的深刻内涵。

工作的过程是辛苦的，果实却是甜蜜的。当第一

▲王利工作照

份中标通知书放在面前时，我竟激动得一时难以置信，这种感觉不亚于当年我收到大学录取通知书的那一瞬间。那一刻，前期所有的努力与付出都是值得的。甜蜜的果实不仅可以充实精神世界，还可以满足我的物质生活。清楚地记得，当领到第一份工资时，我欣喜了一整天。这就是劳动带给我的收获，只有劳动才可能使人在生活中强大。不论什么人，最终还是要崇尚那些能用双手创造生活的劳动者。

辛苦工作之余，我们的娱乐生活也是多姿多彩的。公司组织的户外拓展训练让我对飞达这个大家庭有了进一步的融入；“健步走”活动在增强了大家身心健康的同时，也让运动健身的理念深入人心；“织围巾献爱心活动”让我们不仅实现了自身价值，也提升了我们的社会价值。这所有的一切，都让我感受到了这个大家庭的魅力与温暖，也让我对以后的职业生活充满了期待与憧憬……

来飞达公司才短短的三个月，但这三个月的工作与生活不仅提高了我的职业素养，也提升了我的精神境界。在今后的工作生活中，我要继续为之奋斗。因为我坚信，只有永不遏止地奋斗，才能使青春之花开得更加绚丽夺目。

忆苦思甜怀旧事
一路高歌展新篇

——设计院资深专家刘小燕访谈

李琼芝 ■ 北京交科设计院

刘小燕，成绩优异的高级工程师。1977 年进入公路所，1981 年进入号志室，1986 年开始从事交通工程概预算工作，参加了京津塘、济青、沪宁、沈大等第一批高速公路设计，在交通工程概预算方面进行了开创性的工作，是当之无愧的交通工程概预算第一人，目前为设计院资深顾问。

笔者：请您回忆一下在公路院、设计院的工作经

▲欢送王彦卿（前排左四）光荣退休（前排左三为刘小燕）

历，给大家讲述一些职业生涯中的难忘经历或逸闻趣事？

刘工：到了这个岁数，回想一下过去，还是很有感触的。好多老同志一讲到过去就有点忆苦的意思，我没有。我想到很多事都是很快乐的。

我非常感谢公路院。这个单位给了我所有的一切，不论家庭、事业、自己的追求，都是在这实现的。所以我对单位一直心存感激。

我们这一辈人大多都赶上了上山下乡。下乡回来以后，当时 23 岁，我来到了交科院（后来到公路所），一干就是一辈子。你问我干过多少条路？那真是多得数也数不清啦。

公路院原来叫交通部公路科学研究所，好多年轻人，包括现在的好多院领导，我都是看着他们成长起来的，甚至是一个办公室同事，像王笑京、何勇原来就是一个办公室的，非常熟悉。

设计院前身是号志室，最早做城市道路标志、信号设计。我刚来号志室的时候（1981 年），办公条件确实挺艰苦的。办公室就是一个木板搭的活动房子，暖气什么都没有，要自己生炉子。一到冬天，大家满院子找木棍生火。后来搬到办公楼了，我还有个习惯，一看见地上木棍就想捡。那个经历很难忘。

那个时候做设计，大家首先得会用剪刀和胶水，总共两台计算机，相当于打字机，大家排队轮流使用。所有图纸全部是手工绘制，字都是用计算机打出来后剪下来贴上去的。你想象一下修改一次有多难！就是这样的设计条件，我们完成了京津塘、沪宁、沈大好几条高速公路的设计。

我记得建设福建泉厦高速公路时，那是 1991 年的时候，咱们单位做现场设计。我跟马俊峰等 3 个人一个屋，特别得热，屋里的空调一开跟火车似的，吵得根本睡不着，不开又热得睡不着。大蟑螂满屋跑，回到宿舍第一件事就是打蟑螂，打下来拿脚一踩觉得脚底下都硌得发麻。

当时借用福建院的一间办公室办公。天气炎热，福建院是下午 3 点才上班，咱们院还是 1 点半正常上班。条件很简陋，记得整天点着蚊香，屋里总是烟蒙蒙的，干了一个月。当时福建院的卓院长（后来当了厅长）写了大红的大字报来表扬我们，说我们为他们设计院树立了榜样，这种工作态度值得他们院来学习。那时唯一的福利就是上午一根冰棍，下午一根冰棍，大家挺快乐。当时一起的还有沈强、邢波、白冰、高胜辉、吴健华等。初步设计完成，我们沿线跑到泉州、厦门，实地遇到山还要做微波通信试验，山上山下步话机联系“长江、长江，我是黄河”，喊得像拍电影似的，特别开心。

在沈大路做交通调查的时候，天寒地冻，大家住在一个服务区里。现在可能已经很难想象几十个人住在一个屋里，晚上打呼噜的，说梦话的，据说男生那边晚上打呼噜嫌吵，经常是一只鞋就扔过去了。

那时候的生活没有现在条件好，但是特别有意思，特别高兴。为什么？那个时候讲究官兵一致，同甘共苦。主任也好，课题组长也好，大家是平等的，只是分工不同。那个时候没有那么多上下级的讲究，我“犯上作乱”的事就太多了。大家吵啊、拍桌子啊，想怎么说就怎么说，完了，谁也不往心里去。那个时候也没那么多钱，一年到头也就分个几十块钱，还美滋滋的。但就是这几十块钱，领导跟你也是一样的，甚至领导为了调动你的积极性，他可以少拿。可能放到现在领导是不会这么做了（哈哈），因为那个时代就是这样。

那样落后的办公条件就让它一去别复返了，可是我特别希望那时候的那种心无城府的快乐，那种团结一致的精神能延续下来，那种面貌是奠定快乐的基础，也是干好工作的基础！

笔者：公路所包括设计院可以说是交通工程行业的开创者和引领者，创业的艰辛与困难是不言而喻的。许多像刘工一样的老一辈设计人为了公路院、设计院的发展贡献了自己的青春。刘工在工作中一定也遇到过不少困难，是怎么克服的？

刘工：我以前是一个很要强的人，容不得别人说不好，做什么都希望能做到最好。

我是 1977 年到的公路所，1981 年到号志室。1984 年有一个机会考学，我报考了，但那时已经怀孕。复习期间，从早上一睁眼开始背书，背到晚上 12 点。我考试的时候都怀孕 8 个月了，挺着个大肚子，进考场的时候大家都开玩笑，“满腹经纶的来了。”开学孩子才三个月，老师都担心学不下来。这个机会我特别珍惜，非常用功，每年都是优秀学员和三好学生。

1986 年毕业回来，当时概预算没人干，给了我一个机会。那时概预算虽然不算是一个新专业，但交通工程是个新行业，国内没有任何标准依据。我跑了交通部、建设部、铁道部、电子部、邮电部等好多部门，一点点问，最后用电子部、邮电部、建设部、交通部的有关定额“攒”出一套交通工程适用的概预算定额来。慢慢地，我摸索的这一套大家都在用，就被认可了，直到被交通部归到了部颁定额里。从无到有，很不容易。

真的，过去的路确实挺难的，有些事情不堪回首，有时为了生存，挺拼命的。我刚开始做概预算的时候，没有人手，特别忙，经常出差，爱人也是。孩子还小，我只好把孩子寄养在一个远房亲戚家，孩子想我们啊！一托就是一个月，干活都是揪着心。孩子上一年级时，在北航附小，我每天中午12点接他到院里吃饭。有一次干着活就给忘了，我一看表都1点了，撒腿就跑，老远看见孩子抱着头坐在马路边上。我一过去，发现他哭得成了小花脸，我真是觉得特别愧疚，说：“真对不起你，妈妈工作一忙忘了时间了……”孩子哭着说：“妈妈，我以为您不要我了……”现在想想这些我真是觉得对不住孩子。这样的事情太多了。

这么多年，为了工作去考试的经历对我都是难忘又深刻的。

20世纪90年代初，第一次参加电子部上岗证考试，在石家庄，因为报的专业过多，应付不及，生活无规律，造成肠梗阻，被送到医院急救。

20 世纪 90 年代末期，部里要求高速公路设计要有资格证书，没有证书就没有设计资质。领导要求必须考过！证书分甲级、乙级，只有甲级才能参与高速公路设计概预算的编制。可是证书考的内容全部是路桥方面的，没有一道交通工程的题。道桥专业我也不懂啊，我就把整本参考书的题都背下来了，背得眼冒金星都快吐了。那次考试是一次性过了，可那次考试的经历我永远都不会忘。在天津那个条件简陋的小旅馆里……

2002 年，为参加建设部考试，没有时间复习，我只好去献血。当时我已经 49 岁了，而且已经献过一次血，原则上不让我去了。可为了要用献血的 12 天假来复习功课，也是拼了。到血站一检查，我高压 150，医生不同意。我央告她：我太需要这 12 天了，您帮帮我，我只是因为昨晚没睡好，没问题的。医生勉强同意。但是因为献血后休息不好，记忆力明显减退，两门考试只过了一门。当时绝望的放弃让我难过了很长时间。也是从那时起，我明显地觉得，自己老了。

笔者：刘工不仅工作认真负责，也非常热爱生活，爽朗、乐观、充满热情与活力。现代社会，工作和生活的压力非常大，应该怎么样对待工作？怎么处理工作好与生活的关系？能否给大家介绍一些经验与感受？

◀刘小燕（中）生活照

刘工：工作是为了什么？我没有太大的理想事业心，说得实在一点，工作就是为了更好的生活。生活不仅仅是工作，但只有工作好，才能生活好。我觉得无论哪个单位都是锅里没有，碗里就没有。所以，好好工作才有饭碗，有了饭碗才有好的生活。作为个人，不应该只想着单位能给我什么，还要想我为单位做了什么？我能做什么？所以说趁着年轻，趁着有能力，踏踏实实地把工作基础打好了，这样当有机遇的时候，才能抓住机遇，才有机会把工作做好。

我觉得你把工作干好了，取得别人的信任，才能觉得你这个人有用，有用才可安身立命。人与人之间没有高低贵贱之分，你就算是博士、博士后，你坐着不干事，你有用吗？一个人大事做不来，小事又不做是最要不得的。

笔者：刘工在职期间，非常热心工会工作，多次被评为工会积极分子。在工会工作中有没有印象深刻的事情？

刘工：那时候物质条件差，但大家还是想法子找乐子。那时候每年总结时弄个联欢会啊什么的，我们都是自己做。大家把锅碗瓢勺拿来，包饺子、炒菜，分工合作，大家一起来。所有的游戏就在走廊里，道具什么的都是自己弄。互相之间出节目，从领导到员工，讲故事，唱歌，不会的学个狗叫、猫叫，那就是快乐。这种东西好像不能拿物质来衡量，我觉得那时候的精神享受现在没法比。

现在回想起来，给我印象最深的还是那时候的那种快乐、那种精神。你赶上了什么年代就是什么工作条件，这个无可选择。你们将来老了，再跟年轻一代说你们现在的办公条件可能也是落后的了，因为社会在前进。但是我觉得，有一种精神是不应该变的，我觉得这种精神应该一直延续下来。

笔者：您对设计院的发展，对公司的青年员工有什么建议？

刘工：就从个人专业的角度谈一点想法与建议吧。目前概预算的专业，领导从管理的角度考虑，把人拆到各个部门去，其实这是不利于这个专业的发展。交通工程的概预算应该是一个专业，分开以后机电只做机电，土建只做土建，安全只做安全，没有人从总体上来把控，个人掌握的专业知识也有限了。这个事情希望领导能好好考虑一下，因为没有一个人对整个交通工程的设计概预算有能力去统筹考虑和把控，这样下去，不论是对个人的发展，还是单位的发展都不利。

我希望咱们设计院能够长久发展下去，希望大家能在这里快快乐乐地工作、生活。只有快乐了，你才能好好工作。谁抱着一肚子怨气，互相猜忌，这种心态是工作不好的。离负能量远一点，不要陷在斤斤计较的小圈子里，只有跳出去，眼光放长远，格局才能大。这个说起来容易，做起来挺难的。我觉得就是做好本职工作，别太关注别人，人就是比较才比较出差别来的。

我其实挺感谢院里的年轻人的，跟大家在一起，我觉得自己都年轻了。现在好多女孩子都当妈妈了，我作为过来人，提醒大家在工作的同时，把自己的孩子一定要教育好。到了退休以后，我有一种感觉，怎么能让自己的晚年退休生活安逸快乐呢？孩子就是未来，就是希望，只有孩子教育好了，有出息了，你才能真正活得安心，才能从容安排自己的退休生活。

希望大家都能认真工作，快乐生活，保重身体！

我的第一份施工图现场设计

于 平 ■ 北京交科设计院

2000年走过毕业季，公路院向我敞开怀抱，接纳我成为她的一分子。毋庸置疑，我是命运的宠儿，没有经历太多的求职艰辛就找到了满意的工作。我和设计院应属一见钟情，惺惺相惜。接下来，我和许多同龄人一样，怀揣梦想走向工作岗位，开始了工作生涯，也开始了我和设计院“剪不断理还乱”的情缘。

▲于平（中）

时间不会为任何人停留。15年来，在无数次设计项目、现场勘查的磨砺中，当年那个青涩稚嫩的小丫头现在已经是一名“叱咤风云”的老员工了，可以带着自己的项目团队面无惧色地和业主谈条件，可以轻松地在200人大会现场讲解自己的项目PPT，可以信心十足地提出自己的见解……后来，因为工作需要，我的角色发生了转变，由原来的生产部门调整到职能部门，从事事务性工作。职能部门的工作琐碎繁杂，脱离了与设计方案、设计图纸打交道的日子，少了些硬朗和豪气，多了些温和与细腻，可那些辉煌的日子从没暗淡过，一如既往地在我心里闪亮。每当环境、温度适宜，小小的璀璨的过往就在心里熠熠发光，如同温暖一生的力量。

时间回到2002年，那是我第一次参加施工图设计。三月底，我接到上级通知，去韶关驻现场设计。当时正值北京的沙尘暴高发期，在一个黄沙漫天的日子，滚滚而来的沙尘追赶着火车尾巴，我们项目组一行六人完美“逃离”了北京，奔向山清水秀的广东韶关。这是我参加工作以来第一次参与施工图设计，而且是驻项目现场。其实我个人对施工图设计“觊觎已久”，因为之前经过了种种磨炼——现场编程、世行招标文件的双向翻译、监控系统的初步设计、收费系统的初步设计已经游刃有余，只有施工图设计对我来说未曾体验。此次设计如果顺利完成，就可以填补我的经验空白，这说明我将度过新人必须经历的“必修课”，可以在未来的职业生涯中施展拳脚了。在20多个小时的旅途中几个同事探讨着这次设计项目的重点和可能遇到的难点，穿插着谈论各自的人生梦想，有几许激动，也有几许豪迈。

到达设计现场——京珠北高速公路的项目指挥部后，我们和业主会合，跟业主进行前期的沟通交流后，很快拟定了方案初稿。顾不上疲劳和困顿，我们就开始布置工作环境。一个由乒乓球室临时改建的房间是我们的办公室，两张大长条桌作为我们的办公桌，几台工作计算机，一台打印机，一台小小路由器构建了简单却完善的工作平台。看着简单的工作环境，我们内心却充满了动力。

当拿到之前其他项目的施工图纸文件的时候，我才发现这虽然仅仅是收费系统一个专业，但厚厚的图纸数量已经让人吃惊，翻开各种密密麻麻的接线图，更是感觉无从下手，心里对自己能否在短短一个月的时间内把这些图纸吃透消化掉，并糅和自己对项目的理解，顺利完成这个项目的施工图设计打了个大大的问号。

最初的几天我都在吃力地看图纸，看文件……看文件，看图纸，请教“前辈”。“压力山大”也不足以形容我当时的感受，心情由最初的豪情万丈也渐渐变得复杂甚至有一点点退缩。每天早八点晚九点的工作时间和三点一线的活动路线，让我感觉仿佛又回到了高考的生活节奏。甚至有时候在食堂打饭，头脑里还是费额显示器的摆放位置，我边做相对简单的系统构成图部分，边研究收费站和车道的施工细节，穿线管道，线缆接续。慢慢地，终于有一个晚上，我如同顿悟般豁然开朗，心中有了一个明朗的蓝图。

现在还能清楚地记得我“擅作主张”，调整收费岛的管线断面图比例、线缆标号，列表格。我调整比例，丰富了图纸内容，在细节上做了完善，让图纸看起来更清晰美观。后来，我的这套施工图成为设计院的施工图模板。十多年过去了，施工图纸模板也是愈加完美，但只有我知道哪些细节是自己当年的尝试，只有我还能在设计图纸中找到当年的于氏模板痕迹。

项目进展过半的时候，我们的项目负责人“大张”边翻看我的设计图纸边感慨，“看看人家一个月的时间不到就把施工图吃透了，我当时是花了一年多的时间才弄明白，这人和人怎么就这么不一样？”这话虽然是玩笑，透露着调侃的味道，却是对我最好的激励和肯定。人只要保持进取的心态，没有什么困难是不可逾越的。忙碌而充实的日子转瞬即逝，我们连续奋战20多天，没有一个休息日，没有一个赖床的早晨和一个早睡的晚上，终于在四月底，项目组带着我们的劳动成果提前返京。

五月，项目评审会在广州如期召开，我们的成果得到业主和专家的一致肯定。后来，项目获得了交通部优秀设计项目奖。

时隔多年，这些事情依然历历在目。这为我之后多年的设计生涯奠定了基础。每次再遇到难题或者情绪困顿的时候，我都会回想当年施工图现场设计的一幕幕，是这段艰苦而又有成就感的日子多次带给我信心和力量……

筹建院史馆偶感

（诗三首，平水韵）

杨文银 ■ 公路院

档　　案

雄起圆恩寺，匆匆甲子来。
云端高路入，江上彩虹追。
曲径留陈迹，闲门踏旧灰。
人今千里外，何处寄冬梅。

咏前辈朱学文

日行八百梦成真，为有源头点子神。
雪域三千无寐夜，终留天路不扬尘。

钩　沉

荒野支巢古迹边，出征号响马奔先。
盛年何老鞭盲进，杖国曾公逐梦圆。
青藏冰寒醇作酒，非洲火热蟒陪眠。
蓟门烟树曾飞雨，几度风光锦瑟弦。

▼2014年杨文银书记（第一排左二）率领院中层以上干部到井冈山干部学院学习

映象

走进世纪大桥的北京交科人

——港珠澳大桥交通工程设计项目部

张昊　施强 北京交科设计院

从一个特殊的情人节开始

2011年2月14日，很多人还沉浸在情人节的欢乐气氛之中时，一个不为人知的团队却默默打点了行装，告别了在北京的爱人和孩子，奔赴2300公里以外的南国海滨小城——珠海。为了一个庄重的承诺，开始了一个不平凡的任务：为期5年之久的港珠澳大桥交通工程现场设计工作。

在港珠澳大桥的建设者中，我们北京交科公路勘察设计研究院有限公司是一支特殊的力量。说特殊，是因为在港珠澳大桥这个超大型的工程中，我们所承担的设计内容——交通工程及沿线设施仅占总投资的 5%，但其涵盖范围极广，涉及全线的交通控制、行车安全、消防救援、景观照明、运营管理等多方面内容，并为三地主管部门和建设单位高度重视。

作为港珠澳大桥的参建者，我们倍受鼓舞、倍感光荣；我们明白，建设一项伟大的工程从来都不是易事。我们来自不同的家庭，有着不同的性格和经历，却携手建设着同一个梦想，坚守着同一份责任，我们奉献着个人，但我们从来就不是一个人……

▼ 港珠澳大桥效果图——青州鸟瞰

◎ 三个前所未有的挑战

港珠澳大桥是中国交通运输史上里程最长、投资最多、技术最复杂、建设要求及标准最高、施工难度最大的跨海岛、桥、隧交通集群工程，其面临的严峻挑战可以用“1、2、3”进行概括和描述：

“1”个视角：

瞄准长达120年的营运过程中的内部管理和公众服务。

“2”个目标：

建设世界级跨海通道，为中央政府和香港、珠海、澳门三地人民交上满意的答卷。

展扬交通工程这面旗帜，让公路行业交通工程事业更加发扬光大。

“3”个特点：

关注度特别高，包括中央政府、三地政府、三地人民、社会各界。

三地互动、东西文化交融。港珠澳大桥跨一国两制三地，从立项到运营的每一个阶段，都需要三地之间进行互动，在此过程中不同文化得到了充分交融。

交通工程领域最具挑战性的项目，包括跨海桥梁、海底隧道、离岸人工岛填筑等多个领域。营运期需要达到世界级管理水平和服务质量。

五个不平凡的年头

时光荏苒，我院自2011年初起，即成立了港珠澳大桥交通工程设计项目部，投入港珠澳大桥主体工程及珠海连接项目的交通工程施工图设计工作，至今已历时五年。这五年港珠澳大桥设计项目部的设计者们远离了家人，在平凡的岗位上，默默地工作，在巨大的压力下一步一步地完成既定的任务。五年中，这个团队并不是每个成员都坚持了下来，有的人因工作的调动而离开，有的人因不堪重压而退出，甚至也有人在家人的压力下辞职，但更多的人坚持了下来。

▲ 港珠澳大桥交通工程设计项目部部分成员

2011离开家的时候有些同事的孩子还在襁褓之中，如今已经背上书包上了小学。2012年，项目部一名成员的父亲做了开颅手术，但他承受住了压力坚持工作；2013年项目部一位负责人孩子因肺炎几次住院，在施工图设计最紧张的时候，他还是毅然在现场坚持到工作完成；很多设计者每年都在现场驻扎200天以上，这样的例子还有很多……他们亏欠了家庭，但是守住了承诺！

七个丰硕的收获

一是设计工作显成效。港珠澳大桥主体工程交通工程设计是我院历年来所承担的设计专业最齐全、周期最长、人员投入最多、系统最复杂、技术难度最高、合同要求最严格的交通工程设计项目，影响深远、意义重大。我院的十余名技术骨干和主要领导长年驻扎现场，零距离开展工程设计和技术服务，先后完成了本工程接口界面设计、系统设计、预留预埋设计、设计手册编制、施工图设计、施工招标文件的编制以及联合设计工作，圆满完成了合同要求的三个阶段设计任务，为施工安装等后续工作打下了一个坚实的基础。

二是接口协调迎挑战。港珠澳大桥交通工程设计面临最为复杂的接口管理和界面协调工作，既包括粤、港、澳三方政府之间的合作，还包括多个相关政府部门的协调，以及配合岛遂工程、桥梁工程、航标工程、公网通信、公安系统等的设计和施工。项目部在整个设计周期，对接口界面的管理极其重视，专项制定了接口界面管理计划，设立专门的接口负责人，负责亲自或安排组织各专业与其他单位之间接口的协调沟通，进行了大量周密工作，在港珠澳大桥105家参建单位中也是投入接口协调的力量为最多。项目部编纂《港珠澳大桥主体工程交通工程施工图设计接口界面手册》，详细归纳总结的交通工程相关的所有接口，对后续的施工图设计起到了极大支撑作用。这种管理方式是我国高速公路建设项目中的首创。

三是质量管理下功夫。项目部对质量管理工作极其重视，在院质量管理体系下结合项目特点制定了专门的质量管理计划，保证项目运行各阶段质量控制，避免质量事故的发生。同时，专门聘请了香港交通行业内顶尖的设计咨询公司对设计文件和关键技术方案进行咨询审查，以确保关技术方案合理可行，设计质量精益求精。

四是科研课题出成果。同步开展了 5 大专题研究，范围涵盖隧道通风节能、污染气体串流、三地应急救援、跨境交通控制、三地信息交换、营运维护手册等，其中有 4 个专题被国家科技部列为国家科技支撑计划课题。基于相关研究成果，目前已发表高水平学术论文近 10 篇，其中已被 SCI 检索 1 篇、EI 检索 7 篇。

五是群众路线做指引。项目部党小组定期开展组织活动，党小组的会议有时会扩大到吸纳现场工作的全体成员。党小组以保障大众更好、更安全出行为出发点，以提高设计服务水平为重点，努力抓好队伍的思想、组织作风和业务建设。

六是廉政建设有保障。项目部制定了廉政建设工作指导准则，设立廉政监督员机制，制定了廉政风险排查、廉政投诉监督、奖罚等措施方案，使廉政工作的落实更加到位。廉政监督员组织大家利用集体学习的机会，及时地发现问题并解决问题，做到廉政建设常抓不懈，常抓常新。

七是团队文化富特色。项目部为长期进行现场设计的员工提供人性化的补休假和探亲假，并经常举办或参加各类文化体育活动，丰富了现场设计人员的精神文化生活，增强了团队的凝聚力。

▼项目部成员现场观察

为了同一个梦想

与港珠澳大桥一起成长，过程本身就是收获，就是成就。在艰苦的现场设计中，我们渐渐把自己锤炼成了一支甘于奉献、同心同德的团队。这支团队，不仅要在沧海涌浪中敢打能赢，还要有快乐的设计生活、浓厚的团队文化。项目部秉承我院多年来爱岗敬业、艰苦奋斗的优良作风攻坚克难，赢得了业主和其他参建单位的认可和尊重，也在众多施工团队中脱颖而出，从 2011 年投入设计工作至今，获评港珠澳大桥“先进单位”1 次，“先进班组”荣誉称号 2 次、“模范员工”个人荣誉称号 2 次，2013 年荣获全国五一劳动奖状。

港珠澳大桥，这个凝聚着全国人民的期待、万千参建者汗水的超级工程，正在中华大地的南方，在那一片希望的海洋中，迎着金色的晨光茁壮而起。北京交科公路勘察设计研究院，作为建设者之一，正在以坚实和自信的步伐努力前行着，在这一人类历史的伟业之中书写着骄傲、铸就着梦想！

▼港珠澳大桥交通工程设计项目部荣获全国五一劳动奖状

亲爱的　我又要出远门了

——与病魔抗争的部公路院副总工程师、研究员李宗禹

刘布阳 ■ 中国交通报记者

▶ 李宗禹（右一）全家福

李宗禹与胰腺癌不期而遇之时，刚刚 47 岁，正值一个科研人员出成果的黄金年华。在辗转病床的日子，他仍坚持工作，对事业的热爱从未止歇。他知道自己的时间不多了，回忆一生的追求与奋斗，品味亲情、爱情、友情，成为最大的快乐。他想把感恩、牵挂和不舍化成一句话：“亲爱的，我又要出远门了。”

想为自己登讣告

“我去世后，让家人在《中国交通报》上发个讣告，告诉亲朋，我与癌症作了两年的斗争，但没能战胜它，所以说一声：‘亲爱的，我先走了，你们珍重’。”李宗禹笑着对记者说。

6 月 17 日，北京海淀医院。病床上的李宗禹形销骨立，瘦得脱了相，身上插着 3 根管子，一根输入药物、一根导出胆汁、一根导出腹积水，令人不忍直视。

李宗禹患的是被称为“癌中之王”的胰腺癌，2012 年 5 月正式确诊后，做手术切除了胰腺头的囊肿和胆囊，以及三分之一的胃和全部十二指肠，目前，癌症已进入晚期。因为巨大的疼痛折磨，他每天要靠注射两次吗啡才能获得片刻肉体上的平静和精神上的舒缓。

交通运输部公路科学研究院（以下简称“公路院”）

公路交通环境工程中心主任沈毅介绍，李宗禹是院里引进的第一位交通环保方向博士后，也是国家注册环境影响评价工程师。多年来，他在恢复生态学、交通环境管理法规与政策、交通环保规划与评价方面牵头或参与过不少重要工作，还为院里申请到了环保部的科研基金项目。谁也没想到癌症会找上这位热情开朗、干劲十足的中年科研骨干。

“他对自己的病情完全清楚，没有任何忌讳。”李宗禹的夫人关世英在采访前告诉记者。

“为什么想到要给自己发讣告？”没有了顾虑，记者的提问开门见山。

“这与我的经历有关。我在公路院工作 17 年，在行业内外、全国各地有许多志同道合的好朋友。他们在我与病魔战斗的时候没有忘记我。我一想到这么多年来给予过我支持、帮助、关心的领导、同事和朋友可能因为突然找不到我而耽误事情、产生误解，就想以讣告的形式告诉大家我走了。”

才 40 多岁就被癌症判了死刑，李宗禹起初也不能接受这残酷的命运，但他以过人的意志不让自己很快倒下。因为不甘心中断毕生追求的环保学术研究，不放心单位在各地开展的业务，更舍不得离开未及好好陪伴的亲人。

“面对现实后，我把癌症当成朋友，向它争取时间多做些工作、多陪伴家人。”他倍感生命的珍贵，积极配合医生，用科学精神寻求最佳用药方案，以坚强的意志对抗病痛、坚持工作，始终以微笑示人。

◎ 今生无悔　感恩拥有

“再给你几年时间，你最想做什么？”这个问题让李宗禹眼睛亮了一下。

“我会把自己多年的工作经验总结好，多和年轻人交流，让他们少走弯路。‘绿色交通’给我们环保团队提供了广阔空间，真希望还能多做些工作。我是中国农工民主党中央科学委员会的委员，有机会还想通过党派渠道和政协议案的形式，为促进综合交通运输体系建设做更多的事情。”

作为公路院“元老级”环保专家，李宗禹多年来坚持跑一线，亲力亲为做业务，大力帮助年轻人成长，赢得了很好的口碑。

公路院院长周伟对李宗禹的专业深度和敏锐性非常赞赏，认为他是个追求完美、敢于坚持自己观点的人，“唯真、唯实是知识分子应有的修为，值得学习。”

公路交通环境工程中心副主任董博昶与李宗禹共事16年，对他极致的认真劲印象很深：“他干活不惜命，确诊癌症时，正忙于推进珠江口地区综合交通规划的环境评价咨询工作，但他还是坚持忙完了这个项目，治病期间还来单位上了几个月的班。”

公路交通环境工程中心的奚成刚博士与李宗禹在一个办公室，他认为李宗禹最大的特点是做事负责：“他一年要审核上百个工程环境可行性报告，不满意绝不脱手，经常熬夜加班。”去年南京四桥环境影响评价工作需要李宗禹出马，那时他正放、化疗，身体非常虚弱，但还是拖着病体飞赴南京。

“他真诚、豪爽，合作过的单位都信任他。我从他身上不仅学到了工作方法，也学会怎样做人。”公路交通环境工程中心研究员邵社刚视李宗禹为老师。

几天前，10多名年轻同事一起到医院看望他，他对每个人的优缺点一一做了点评，一如既往地直言不讳，令大家十分感动。

“我从一般岗位做到副总工程师，是公路院给我创造了成才机会和事业平台，我能到成都交通局、部机关挂职、交流，是部党组对我的信任。我想把平生所学留给年轻人，以此回报部党组和公路院对我多年的培养。”回想一生，李宗禹无怨无悔，特别感恩。

虽然生命已进入倒计时，但他决心坚持工作到最后一刻，因此手机始终放在身边，这两天清醒时还随时回复业务上的事情。他还坚持着阅读的习惯，虚弱到捧不起任何一本书，就让妻子把书撕开，一页一页地看。

“他称得上是公路院优秀科研工作者的楷模。”公路院党委书记杨文银给予李宗禹很高的评价。

来生让我照顾你

“我还没来得及好好照顾夫人和孩子就要走了，是我最大的遗憾。我俩商量好了，下辈子还做夫妻，但互换角色，让我来照顾她。”李宗禹对妻子很愧疚。

李宗禹与关世英是大学同学，都是环保专业。因为工作忙，他们要孩子晚，女儿今年才13岁。女儿出生后，关世英为了支持丈夫刚有起色的交通环保事业，放弃了自己的专业研究，改做管理工作。

关世英说：“他是个闲不住的人，又太认真，为弄清楚一个问题经常买一大摞书废寝忘食地钻研。到公路院后，找到了干事业的天地，忙得基本不着家。”只要不出差，李宗禹晚饭后总是习惯性地到办公室研究业务。

一家三口朝夕相伴的日子不算多，女儿的教育基本是关世英的事。孩子非常争气，在班里的成绩名列前茅，是海淀区三好生、优秀特长生，夫妻俩很欣慰，但李宗禹的病让生活从此改变。

关世英难过地说：“没想到我和他走了一半就要分开了。”

“希望你们把我的离去当作我又出了趟远门。”李宗禹这样安慰着妻子，也安慰着每个人。

原载于中国交通报 2014 年 6 月 23 日第 4 版

十年弹指一挥间 我和你一同走过

王　丹 ■ 环境中心

历史层层叠叠地记载了六十年，而我们就嵌夹在最精彩的那一段里。作为一名公路院人，我深感自豪，心情无比激动。我于 2003 年 12 月研究生毕业后到公路院，从事公路环保科研和设计工作，至今已十二个年头。十余年间，我的足迹踏遍大江南北、黄河两岸，负责和参与的科研和设计项目四十余项。我热爱公路环保工作，这是一份令人心情舒畅、充满活力的事业，我用青春书写着豪迈，用步伐丈量着美好。每当为一条条钢筋混凝土的“巨龙”披上绚丽的“绿装”时，我的心情都无比兴奋。正是我们每一笔精彩的描绘，才使一个个工程生机盎然，华丽转身。

还记得，刚参加工作时参与的第一个项目，寒冬腊月时节我和同事在甘肃天宝路上踏着齐膝的大雪进行外业调查。中午就着纷飞的雪花，我们站在路边吃着用早已不热的开水泡的硬如铁丝的方便面，而身旁不时走过置办年货的人群。那一刻，没有什么豪言壮语，我知道：公路院是我们坚强的后盾，温暖的家！

还记得，云南思小高速公路上我们度过无数个不眠之夜，酷暑之下反复推敲设计方案，反复勘测现场，才使得野象谷服务区成为昆曼国际大通道中一处温馨而舒适的驿站。当胡锦涛同志视察现场，站在服务区内听取项目情况汇报后，对本项目给予了高度评价时，我作为一名设计师，心中的喜悦溢于言表。那一刻，我懂得：我们不再仅仅满足于完成一个个任务，而是要打造公路院的行业品牌！

还记得，广东生态景观林带第一批示范工程，共七条路近 600 公里的设计任务交到我们手里时，作为五条路的负责人，我率项目组亲赴广州开展现场设计，从外业、施工图、项目评审、文件修编直到招标文件制作完成，足足 40 余天，每天睡眠不足 3 小时，最多时候两次连续 36 小时未合眼，经常是通宵制作完成汇报材料已经天明，简单洗漱之后直奔会场。辛勤的工作终于换来业主满意的微笑。那一刻，我释然：从此之后我们再也不会遇到攻不下的山头，吃不了的苦了！

还记得，西藏拉林高速公路科技示范工程位于海拔 2900 ~ 5013 米，每一次进藏都是对身心的极大考验。在缺氧的状态下，400 公里的项目外业需要 4 ~ 5 天才能走完一遍。面对极度艰苦的环境，我克服重重困难，圆满完成任务，使藏区地域特色得以充分展现。当再次站立在海拔 5013 米的米拉山口上，感受着严重缺氧，话都不敢多说一句时，望着大家坚定的眼神，会心的微笑，坚守的背影，我坚信：公路院是我们坚强的臂膀，前进的路上我永远不会独行！

十年来，纵然是酸甜苦辣、冷暖自知，但能留在脑海的依然是那些美好时光，以及在困境中的美好感

▶ 2015 年 12 月王丹（左三）在湖南省浏阳市西北环线项目现场

受。个人的力量是渺小的如一滴水，终将融入公路院这个广阔的大海中，才能激起千层浪。我将信念根植于公路院这片沃土，引一道清泉，浇灌理想，择一片天空，腾飞梦想。

“雄关漫道真如铁，而今迈步从头越。”今天，当我们以胜利的喜悦和攻坚克难的执着来纪念公路院60周年华诞的时候，就是要凝神聚力，团结一心，以此为新的起点，向着“建设国际一流科研院所”迈出更坚毅的步伐。我们需要以更坚定的信心，更坚韧的勇气，更强大的智慧，转变发展理念，破解发展难题，增强发展动力，厚植发展优势，才能更好地为公路交通事业服务，才能在我国建设世界交通强国的征程中发挥应有的作用！

我与公路院这三年

高 剑 ■ ITS 中心

不知不觉间，来到公路院，进入 ITS 中心工作已经三年，1198 天。我一直是个相信缘分的人，成为公路院大家庭中的一分子是缘分，有幸见证公路院 60 岁生日是缘分，与 ITS 中心所有兄弟姐妹朝夕相处更是缘分。三年的时间太短，短到并不能领悟到公路院深厚的底蕴，来不及领略她的全部魅力；三年的时间也如此漫长，有足够的时间让我熟识 ITS 中心的兄弟姐妹并成为亲密的战友甚至朋友，有充足的时间教会一个初出校园的懵懂少年如何将自己的满腔热忱转化成最有效的工作方法。而今，回首这三年，发现融入原来如此简单、挑战原来无处不在、快乐其实总在身边；眺望未来，新征程我们一起勇往直前，而一颗感恩的心将一直存于心怀。

◎ 融入原来如此简单

来到 ITS 中心的时候，我刚刚走出大学校园 2 个月，心中充满了忐忑与期盼，恰巧赶上部门经理出差，我只好先坐在工位上等待。看到身边的同事都十分忙碌，我既不敢过去打扰，也不知如何能够帮忙，一边企图偷偷看看学学，一边又碍于并不相识而不敢靠近。后来想想，当时的样子一定十分滑稽有趣。可能是身边的几个同事无意中发现了如热锅上蚂蚁一般的我，主动过来询问我的来历，向我介绍中心的一些基本情况。就这样，一扇生涩的大门像是被慢慢推开了。很快，我与同事们“打成了一片”：“走，一块去吃饭”“我们刚刚出去散步，这是小张帮你带的饮料”“你最近是不是又胖了，哈哈”……一句句关心、问候、调侃，让我真正地融入了这个大家庭中，就这样我与大家慢慢地熟识，为同事们认真、团结的态度所感染，也被一片和谐、幽默的气息所包围。我发现我是幸运的，选择了对的单位，遇到了一群朴实、乐观、热情的同事。

◎ 披荆斩棘迎挑战

工作一年之后，我有幸参与了2014年度国家科技奖励申报工作，从前期准备到后期集中攻坚，历时近一年半。这期间，中心领导的压力不小，而我们参与人员更是铆足了浑身的力气。多少个通宵达旦，多少个讨论会议，多少次专家点拨，最后我们终于获得了国家科学技术进步二等奖。这是我们ITS中心的第一个国家奖，是我们中心积累了十多年的成果。对于我而言，从刚开始参与的抓不住头绪，到后来成为申报书主题部分与支撑附件之间的技术纽带，再到后来作为汇报PPT的执笔人，这期间得到的锻炼是惊人的，是可遇不可求的。工作结束后，我在工作总结中曾经写道：这项工作将是我整个职业生涯一笔宝贵的财富，不仅是积累了国家奖申报的经验，也不仅是工作能力、逻辑能力、专业理解等方面的提升，更重要的是通过共同的努力，与几位同事甚至领导成了亲密的战友，我们互相包容、互相关心、默契十足。直到今日，那份感情还在，回想起那段日子依旧会心生温暖，所有的辛苦与压力在现在看来也都是美好的回忆。

三年的工作中，另外一项让我的获益良多、不能忘怀的是2015年4月公路院主办、ITS中心承办的2015智能交通亚太论坛。这次，我转身成了大会会务组的成员，虽然没有任何办会的经验，虽然起初对这项工作与科研项目毫无关系颇有微词，但是随着工作的推进，我逐渐进入了状态，也发现了这项工作能给我带来的不同以往的感受与成长，到最后，它也成了我宝贵的经验和财富。其实，我从开始部分参与会议准备工作到最后会议结束，仅仅3个月的时间，但是这短短的3个月却包含了两地办公、会场规划、物料准备、注册方案筹划等在科研工作中无法体验的经历，而这些细碎、烦琐的工作内容背后，却无形中大大提升了我的工作计划性、逻辑性以及执行能力。时间紧、任务急，一切工作都要求尽量一次完成，所有事情都需要安排得井井有条，执行过程中更是需要滴水不漏。庆幸的是，大会圆满举办，虽然有瑕疵，但依旧得到了与会领导与国内外嘉宾的一致赞扬。那一刻，我们会务组每个人心中都充满了成就感，充满了欣慰，每个人都露出了美好的笑容，有的女同事甚至激动得热泪盈眶。与所有重大项目的参与经历一样，我再一次获得了一群默契、亲密的战友，有的还是地方合作单位同仁。直到今日，当初的建立微信群里，还常常充满欢声笑语与节日问候。

◎ 快乐洋溢在心间

办公室中有我们忙碌的身影，业余活动中我们也毫不示弱。运动会、职工技能大赛、健步走……在这些活动中我们无不占据前列。记得在职工汉字听写大会上，李亚茹书记特别评价了ITS中心说：“ITS中心在公路院组织的各项活动中，总能有很好的成绩，即使他们并非最有优势的部门。这充分说明了，他们的凝聚力，他们团结的精神，他们值得全院学习。”是啊，ITS中心虽然人数不算多，人员组成也更多偏向于文字工作，但是，正是团结促成了我们优良的成绩，而这份团结也必将让我们在工作中更进一步。每一次集体的荣誉，也都感染着我、激励着我，让我有为集体贡献力量的动力，让我由衷地期盼更好的未来。相信这感觉很多中心的同事也都会有，这也就是团结的力量吧。

◎ 新征程勇往直前

荣誉承载过去，开拓旨在未来。过去的60年只是一个逗号，公路院用实力铸就过去，风雨兼程，与时俱进，锐意进取，勇于实践，在以后的日子里，公路院必将继续高歌猛进，用实际行动，放飞坚如磐石的信念。迎着改革的春风，面对日新月异的公

▲高剑（右二）参加公路院 2016 度春季职工健步走比赛

路和交通新业态，我们应该继承前辈们的精神，为公司更好的明天履行我们的职责。一个集体或者团队是由一个个普普通通的成员组成的，如果想要我们的集体达到优秀的标准，那么请在发出期望的同时看看自己为他做了什么，自己是不是优秀。我想这不仅是公司的需要，也是我们每个公路院人的决心和态度。公路院的过去，我见证有限，但是公路院的未来，我必将竭尽全力！未来的道路还很长，让我们携手勇往直前，踏上新的征程！

感恩的心

蓦然回首，这三年与公路院一起走过的日子，点点滴滴的事情埋藏在我的心里，与同事们从陌生到熟知，从熟知到默契，大家的一个个眼神，你我的一次次只言片语，激荡起一串串感悟，凝聚成一个个共识，织就一幅瑰丽的美景！我很快乐，因为我工作在快乐的氛围里。细细回顾走过的历程，很多事情好像就在昨天，记忆犹新，我有许许多多的感触，更多的是感恩！曾听过这样的说法：责任和忠诚的背后是感恩，感恩的背后是动力和信念。于我而言，那就是以公路院为家，尽职尽责以求尽善尽美，尽心尽力以求问心无愧，不断追求卓越，与公路院风雨同舟、荣辱相伴、同频共振，为公路院的美好明天贡献自己的绵薄之力。

借着这个60周年庆的重要日子，我想说一声“谢谢”，感谢公路院，感谢曾经无私帮助我的领导和同事们!

我的公路院，由衷地祝您，生日快乐!

交天下 通古今 计毫厘 量千钧

——我是交通计量人

张金凝 ■ 计量站

2012 年 3 月，我来到了计量站，很荣幸地成为当时仅有的几个成员之一。转眼间，几年的时间飞逝而过，计量站也发展壮大了，让我们这些随着计量站成长的人感到欣喜和荣幸。对于在交通方面工作了很久的人来说，计量就是一块处女地；对于计量，我们充满了好奇。每位同事都怀着期待、激动的心情走进计量站，更是有幸成为交通计量站建设的亲历者和实践者。对于我们来说，我们期待看到交通与计量的完美结合。

▲笔者在计量现场吃午餐

作为交通计量的一线员工，“背上包就走，碰到饭就吃”成了我们日常的工作状态，为了实现服务全国的承诺，我们经历了夏日的广州，冬天的武汉，梅雨的江南，冰封的塞外。为了能够快速准确地采集数据，我们天亮之前摸黑起床，中午处理数据后下午继续采集，晚上天黑再收工。冬天刺骨的寒风带着湿气吹进我们的衣服，夏天的暴雨突降、蚊虫叮咬让我们更加的坚韧。在外测量，吃饭成为我们的一个大问题。现场都比较荒凉，出去吃饭太耽误时间；于是，我们早餐吃完便带两个鸡蛋，一个馒头，等中午吃饭的时候蘸着“老干妈”，就着白水，也是一顿午饭，若是有人有空去打包几个菜回来，那简直就是过节的感觉，幸福极了。测量虽然辛苦，但是每当集中检定可以顺利开展，我们的心里就会特别高兴，成就感爆棚。

工作到两三年的时候，大部分人会变成熟手，这个时候往往会陷入不断地重复，有很多人会觉得厌倦，有些人会觉得自己已经搞懂了一切，从而懒得去寻求进步了。但是，交通计量目前是一片空白，搞懂这块还有那块，我们也一直在进步，一直在前进。

刚刚进入计量站，计量方面知识的匮乏让我们感到两眼一抹黑。但是我们没有放弃，三月末我刚进入计量站，手续还没办完，“五一”没过就到了成都开始了计量方面的培训。

◀路况快速检测车

从此，我开始了在交通计量的大海里遨游，最初的时候发现计量与交通测量差不多，同样的全站仪、同样的读数，但是随着学习、交流，我们对计量的认识也更加深刻，同时，我们也结合试验室管理改进了计量管理体系，保证了我们计量校准的质量。除了对工作方法和质量体系的学习和研究外，我们也开始了对于

▼调试仪器

交通计量方面课题的研究。从开始的压电石英天平，到激光构造深度、地质雷达，再到后面的桥梁挠度仪的研究，我们对交通计量的认识也更加的深刻。

有付出就有收获，有努力就会有成果，计量站在诞生的几年中取得的辉煌成绩，经历了从无到有，从有到强的过程。通过这几年的工作，我们不仅完成了课题的研究，还取得了许多论文、专利和著作权，更令人欣喜的是质检总局已经批准了我们5个新的标准的建立。这也预示着计量站将走向更大的辉煌。

在这几年的工作和生活中，我们不光收获了知识，收获了技能，还收获了友谊，这几年的经历和成果将是我一生受用的财富。

▼落日下测量员的背影

北京交科 追梦 在路上

杨文静 ■ 北京交科设计院

是谁？梦里有“天堑变通途”的企望，
更有“路上走 画中游”的向往；

是谁？梦里有“千里故乡一日还”的期许，
更有“走平安路 过放心桥”的铮铮誓言。

是我们北京交科的公路人！

我们的梦想在北京交科起航。

在这里，

青春收获尊重，

困境伴随支持，

梦想充满荣耀。

在这里，

到处都是关于成长、奋斗和追梦的故事……

和谐的氛围、严谨的态度、激烈的讨论、自由的交流，

一切都那么自然那么温暖；

对项目的负责，对科学的尊重，对工作的精益求精，

时刻带给彼此力量。

塞北的风沙中，我们前行；

江南的细雨里，我们跋涉；

一串串足迹、一滴滴汗水，

北京交科诠释了最美丽的风景！

风雨中，我们用智慧与汗水将蓝图描绘；

奔波里，我们用团结与奋进将华章写就！

困难是奋斗的调味剂，相互的支持让我们无坚不摧；

荣耀是我们集体汗水的凝结和梦想的实现，

熠熠生辉的奖牌纪录着我们的足迹，演绎着我们的追求！

在这些荣耀的背后，
是北京交科公路人的辛勤付出。
我们的脚步不会停歇，
从一个地方到另一个地方，
我们在不懈的奋斗中书写未来；
从一个项目到另一个项目，
我们的人生在不断地超越中升华。
每一个数据的背后，
都是千万次的实地测试；
每一次项目的成功，
都有感人的故事发生。

岁月的故事里，记录着我们的成长；
成长的步履间，演绎着我们的奋斗；
不懈的奋斗中，追寻着我们的梦想；
这就是北京交科，一个追逐梦想的舞台！

▼合唱比赛

汉石秋意浓　新朋结远久

陈　磊 ■ 北京交科设计院

今天是 9 月 25 号，2015 年中秋节的前一天，公路院团支部组织了青年员工代表到汉石桥湿地郊游，我用文字记录下了这美好的一天。

20℃。

北京的初秋是奢侈品，特别是在雾霾频繁光临的这几年里更显得弥足珍贵。微微清冽的空气中还留着夏天尚未褪去的绿色的味道，阳光却轻柔了许多，一缕缕的流淌下来，缓慢但不吝啬。而我们乘坐的大巴车，就像新鲜的氧气，汇入到这座国际化城市日夜奔流的血液当中。把脸侧向车内，发现每一张脸上都浮着浅浅的却灿烂的笑容。对于来自不同单位和部门的年轻我们，闲适的心情成了缔结友谊唯一而牢固的纽带。

这样的气氛里，心情是会保鲜的。

大巴车沿着京平高速公路快速的行驶，已经可以看到窗外完全不一样的景色了，天空之下，绿色充满了整个视野，让你觉得整个生命就是律动中的呼吸，或者呼吸中的律动。这样的绿色离你很近，也足够遥远，却没有迷茫的感觉，好像置身其中随时可能遇到美丽的仙女一般。终于抵达目的地，这片湿地是我见过的最美的湿地之一，之所以加上一个“之一”的尾巴，或许是因为在心里仍然给故乡的扎龙湿地留着一个位置。与扎龙的大气辽远不同的是，这里的景色精巧细致，人工建筑和装饰恰到好处，掩映于树木湖泊之间，非但没有破坏自然的和谐，反而更显温馨可爱。林荫道两旁的树木交集在一起，一半微黄，一半翠绿，紧紧拥抱，斑驳陆离。跟随着时间的游进，地面掉落了些许微金的茎叶。继续往深处走，透过那些渐显稀疏的末梢，我们所能看到的天空，从一片幽蓝色的峡谷，渐渐变成广阔的冲积平原。

真的好美啊！

跟老北京大部分湖泊一样，汉石桥湿地原名叫“海子”（一片大海的意思），属潮白河水系，她所处位置是箭杆河支流蔡家河下游一片天然的低洼地。由于外围南、北、东三侧地势较高，雨水和地下水等会从三面流向西边洼地，在此处形成一处集水区域。也正因如此，历史上这里还曾经是洪涝灾害严重的地区。1972年，这里发生了百年不遇的大旱，附近的水井都变成了枯井，人们饮水都困难，有趣的是，这片“海子”里却仍然有水。由于上游河道断流，“海子”水

位慢慢下降，芦苇、香蒲丛生，当时一个村民提出，这里不应该叫“海子”，应该叫“湿地”。

汉石桥湿地的核心是“双子湖”。走上湖心小亭，放眼望去眼前一大片的湖水，依稀还能看到当年“海子”的气魄，如果说当年的“海子”是意气风发的少年，如今眼前的秋水就是涉世未深的女孩，宁静却不难望穿。我们一群年轻人“呼啦”地跑上木桥，惊叹着眼前的美景，那兴奋的尽头俨然胜过了中举的范进、读诗的尼采！站在一处黄色的岩石上，向下看去，蔚蓝的湖水像月牙儿，点点游船，点缀其间，

▼汉石桥

▲汉石桥湿地“双子湖”

静谧安详；木桥若隐若现，像一条项链静静地与湖泊深处勾连，而刚才驻足的湖心小亭就像项链末端的心型银坠。

我和几位刚刚结识的同事一起沿着双子湖边不紧不慢地游走，从湖边往远看，水和蓝天相交之处被一片深绿色所覆盖，在那片深绿色中间，一座座橘红色的小亭子像雨后的幼芽一样争先恐后地钻出来……越长越高，便露出淡黄色或者粉红色的背脊，像一个个顶着橘子皮的粉嫩可爱的孩子。而更高的地方，一排杨树撑破天空，你可以想象那些蔚蓝色的湖水也许就是它戳破天上一颗硕大的葡萄所流溢出来的汁液。嗯，这样想，世界真美好。

午餐地点在汉石桥湿地附近的一个农家饭店，朴素的大平房，三面都是大大的窗户，后面还有一个宽敞的小院，小院是地道的农家院模样，四处放着各种农具，院子正中还有一处长方形的鱼池。池中之物便是这里最为有名的虹鳟鱼。小院外面是一大片的池塘，池塘的外面则是一大片初秋的黄绿色和远处的矮山。

约莫半个小时后，餐桌上已经摆满了一盘盘各色各样的农家菜了，丰盛却没有一点铺张。最重头的虹鳟鱼终于上了桌，烹饪方法是大家最常见却永远无法抗拒的烧烤。一条鱼剖开两半，上面撒着厚厚的一层辣椒、孜然，焦棕色的鱼皮上“滋滋滋”的声音还没有退去，那诱人的香味已经让我们口水止不住地往下掉。

游览了一上午的美景，大家的肚子都空了，烤鱼的香味调动起了所有的味觉细胞，肚子里马上翻江倒海，咕咕作响。大快朵颐的机会谁都不愿意放过，满嘴淌油，也全然不顾，夹起来就吃，浓浓的香辣味毫不客气地在鼻子和嘴唇的空地上安营扎寨。一边吃一边开怀地笑着，聊着，讲讲工作中的事情，互相请教不同专业的知识，最后干脆变成了古今中外、综艺体育无所不谈，欢笑声和烤鱼的香味交相萦绕在餐桌上空，谁会相信几个小时之前我们才认识呢?

返程自然是恋恋不舍的：一整天的美景和欢笑，一顿注定回味良久的美食，还有那么多刚刚认识却已如故交的好朋友……多么舍不得啊！晚高峰的北京仍然一如既往的堵车，但我们却没有太多的烦躁和不安，大家建了微信群，相约明年的这个时候还要一起同游。Same time next year！我们有 364 天可回忆。

一路前行　一路收获

邹隽珺■ 中公高科公司

原以为“十年弹指一挥间”只是诗人的浪漫，现在看来却不是，转眼之间我来公路院工作已经十个年头，而刚参加工作那时的情景仿佛就在昨天。

第一天报到是 2006 年的 7 月 30 日，那是一个阳光和煦的下午，那会儿北楼还没有翻修，走在木质楼梯上听着嘎吱嘎吱的响声，配合刚参加工作时的不安，那段路我走得很是忐忑。

很幸运，公路院是个有着“传帮带”良好传统的单位，于是刚参加工作没多久，我就在前辈们的帮助下，迅速成长起来，开始了“手机 24 小时不关机，坐公交看工可，厕所门上都贴着系统结构图”的设计人生活。办公室里都放着铺盖卷儿，因为加班熬夜那是家常便饭。晚上饿了就去南门的麻辣烫和烧烤吃宵夜，老板总能给打折。

刚走上社会的几年里，最困惑的往往不是专业，而是人，总会有一个艰苦的适应期，长短可能和教育、家庭、情商各方面有关系，好在我和我的小伙伴们有一位指路名师。很多人会说李爱民主任太严厉，但没有人挑得出其他毛病，他总是很耐心、很认真地给你指出你各个方面的错误，包括做事、做人；现在想来，如果不是那会儿得到这么多指点，也不会成长得这么快吧。所以现在，遇到新员工请教问题或者有做得不对的地方，我都是耐心解答、给予帮助，总觉得德比术是更高一等的学问。

第一次出差去的是广州，那会儿还没有公务卡，差旅费都领的是现金，第一次拿着那么多钱一个人坐飞机，紧张得手心都是汗。晚上到了白云机场打车还碰见了骗子，傻乎乎地被人拿假币换走了好几百还不知觉，现在想来都不相信是自己干的事情。好在出差次数多了，接触的人和事也多了，终于可以自己不出差错地独立完成一些任务了。

第一次组织会议是京津冀、长三角 ETC 电子联网不停车收费联席会，参会的都是各路专家大咖，每天从早上六点开始做会议准备工作，会间录音录像照相，安排各类事务，晚上要整理会议记录还要排版印刷成册，还有很多事情都已经记不清楚了，就只觉得会议结束的时候感觉都快累成“狗”了。不过会议结束时，院长走到我们几个坐在会议室门口的会务人员中间，亲切地问起这几天有没有回家，都做了些什么，辛苦了之类的话，我觉得很温暖很感动，后来也就不觉得之前忙前忙后有多累了。

以前体检的礼堂还有快餐店、试验楼，因为八号院的整体规划都已经拆除，现在的新楼和东配楼高大气派，办公室宽敞明亮，让人都有点想不起来过去八号院的模样，只是依稀觉得，好像一直在搞基建呢。当然，和它一起成长起来的还有我们，这群当年还只是初出茅庐的毛头小子们，现在也都可以勉强当个前辈带带新人了。

▼笔者（左）赴国道 109 当雄养护段（海拔 4500 米）调研并与工区长交流

除了这些，还有很多在公路院经历的点点滴滴都给我留下了深刻的人生烙印。平凡的工作看似清淡如水，但水是最有力量的，它可以是溪流、是湖泊、是江河，也可以是大海，是汪洋，从一滴水到一片汪洋，既是水滴的成长轨迹，也是一个人的成长轨迹。公路院的六十年正是从无数涓流汇成大海的过程，我有幸成为其中的水滴，感到无比的快乐和自豪，希望能继续见证它的辉煌！

让生命之花绽放得更加美丽

——由一份特殊的生日礼物说起

吕铁英 ■ 桥梁中心

“感谢单位领导及工会为我准备的生日礼物。爱你们，我会加油！”——2014 年 10 月 18 日，这条寥寥数语、并辅以一张精美蛋糕配图的朋友圈微信牵动了公路院很多人的心。大家纷纷在下面留言，表达着自己的祝福。同事之间的那份真诚和友好，在字里行间显露无遗。

从这条微信作者头像可以看出，那是一个面容清

▲王宁微信朋友圈

秀的女子，笑容淡定，煞是好看。那份清雅让人很容易就忽略了她曾遭遇的巨大人生考验。

她叫王宁，是桥梁中心办公室的一名普通职工。

几年之前，别说在工作中争做优秀，就连按时上下班对王宁来说，都是件很让人头大的事情。想想每天都得憋在单位里做些枯燥无聊的工作，没人肯定，没人在乎，没人能意识到自己的存在，甚至连个正经的工位都没有，王宁就觉得上班仿佛在浪费生命。正因为这种有些偏激的想法，那几年，王宁的生活仿佛进入了一个恶性循环，她越是跟生活对抗、跟身边人对抗，越是无法得到自己渴望的自由和轻松。

那时候的王宁也不知道自己还能混日子混多久，直到桥梁中心成立，她终于迎来了人生的一次巨大的蜕变。

桥梁中心首先给了她一份责任明晰的工作——负责每季度中心的考勤整理和上报、办公用品的采买和办公设备的维护修理。虽然在整个办公室烦琐的工作中，王宁承担的依旧不是核心工作，但至少在这一次的岗位调整中，她明白了自己的职责，工作中，最怕的就是没有目标。这一次，知道了自己要做什么的王宁，进步是明显的，她不但逐渐适应了新的工作任务，“竟然”还开始思考怎么做才能把任务完成得更漂亮。

那段时间，桥梁中心很多人都对此感到吃惊——这个平时不怎么跟同事打成一片的“冷美人”开始主动帮助别人，这个平时不到最后一刻绝不出现的“懒虫”开始早早地就到岗开始工作，这个平时工作敷衍且常常出错的“马大哈”竟然做事变得相当心细……有同事开玩笑问她原因，她只是简单地说，在这样的集体里，我感到自己被信任，所以任何工作，我可以做得不出类拔萃，但绝不能拖后腿。

2012 年，她被中心推荐为公路院 2011—2012 年度工会积极分子。在那张推荐表上，王宁写道：“虽说只是一些杂事，但我会做到不厌其烦，因为我知道笑容是保持同事之间融洽关系最好的良药，我能做到！我会再接再厉，提高工作质量，提高自身修养及素质。在桥梁中心工作，让我感觉到是件快乐的事情。感谢领导和同志们对我的信任，谢谢。”简单的话语，表达了她真诚的感恩。

工作氛围的改善和工作业绩的提升，让王宁生活得越来越乐观。但是 2013 年她遭遇了人生重大挫折，身体检查出多发性恶性肿瘤，手术进行了8个小时，术后又进行了8次化疗，导致手和脚末梢神经麻痹，不能完全自如行动，她不得不暂离岗位在家养病。

与病魔抗争的日子里，王宁表现出了桥梁中心人所共有的那份坚强和执着。哪怕是在放化疗的痛苦时光里，她在朋友圈发的依旧是正能量的信息，不知情的人丝毫看不出她正在遭遇痛苦。

为了帮助王宁度过生命里最难的时光，院里和桥梁中心工会多次组织职工代表赴医院和其家中探望慰问，同事们私下的探望更是不计其数。这些让王宁体会到集体的关怀、工会的贴心、大家不离不弃的温暖，而这些都是她与命运抗争信念的来源和对美好生命眷恋的理由。

经历过挫折，才知道被珍惜的可贵，才知道感恩的分量。如今，每一次见到大家，即使身体再不舒服，王宁总是强打起精神，和大家开开玩笑，聊聊天，笑声依旧爽朗，仿佛她从未曾被锥心的病痛折磨，仿佛她从未曾因为生病暂时离开大家。其实每个人都知道，王宁怎会不痛？怎会不煎熬？只是坚强如她，乐观如她，倔强如她，那么多人给她加油鼓励，那么多人对她不离不弃，她又如何可以轻言脆弱？坚持、坚定、坚韧，是桥梁中心人的团队特色，也逐渐成为王宁的信仰——这些年自己所亲身体会的一切，让她很确定，无论发生了什么，她都会是桥梁中心大家庭的一员，这个家不会放弃她。

到今年，王宁暂离岗位已经快 3 年了。国庆节前夕，同事们意外地收到了来自王宁的惊喜——她一边养病，一边在家做了很多手工艺品。有漂亮的小镜子、有栩栩如生的毛毡玩具、有炫彩的手机壳……虽然都不是“名贵”的名牌礼物，可收到的人却无一不感到珍贵无比。

从那些精致的礼物里，大家仿佛看到了王宁的笑容，看到了她把一句句的感谢缝进一针一线里，粘在每一颗水钻里……而最让所有人欣慰的是，在团队大爱的温暖和鼓励下，王宁的生命并未因经历的苦难变得灰暗，正如她亲手做出的这些小玩意儿一样，依旧充满了爱，充满了温度，充满了色彩……

洒向心灵的阳光
——参加公路院群团集体活动感悟

刘桑伟 ■ 财务处

偶然间的午休，同事提议去楼上走走，报告厅传来阵阵欢快的乐曲，我们悄悄站在门口，看肚皮舞老师正在示范动作，像来、像往、像飞翔、像踌躇不前、像肃立、像斜倾。清脆的铃声伴着时而如飓风急促、时而如轻云慢移的舞步，让人感受到舞者情感的流淌。一曲终了，老师朝我们淡淡微笑："何不来跟大家一起活动筋骨！"活动开展一年，我有种找到组织的感觉，从此

▲职工午间锻炼

一发不可收拾，跳肚皮舞、民族舞、广场舞、健身操、瑜伽，练书法。曾经“中午不睡，下午崩溃”的我，加入了午间锻炼的队伍中。每天一小时，常常汗流浃背，但笑容自信了，脚步轻快了。广场舞老师已经年过六旬，但她脸上永远洋溢着青春的笑容，教学一丝不苟，为人耐心和蔼，她常说“希望大家每个人都能随着音乐抒发自己的情感”，这种感情无论是快乐的，抑或是悲伤的，都是我们工作生活中不可或缺的一部分，少了它，就像是丰富的菜肴唯独没有加盐的感觉。

中午锻炼时，来自不同部门的同事有了很好的沟通机会，谈工作，聊生活，从同事变成了朋友，工作中，生活上遇到困难喊一声，集体力量大。你家少个练功服，我家正好多一套，大家相互走动多起来，工作中也更多了些理解和宽容。

团委组织的以物换物大会，场面热闹火爆，各家闲置的物品得到充分利用的同时，同事间感情也更加深厚，更加丰富了职工的业余文化生活，大家好评如潮。

作为公路人，女性的比例较男性要低，艰苦的工作环境常常掩盖了这个行业中女性传统柔美的那一面，我们被笑称“女汉子”，但是，这不代表我们坚毅的性格中就缺少温柔的那一面，“旗袍秀”就像一把钥匙，开启了女性的那扇门，给了我们展示才华的舞台，身着华服、款款走来、仪态大方的正是昨日工

▼ 公路院职工传统服装展示活动——旗袍秀

地上测量勘察的我们，这才是那个真实的我们，有着职业的坚持，也有梦想的追逐。

我们也有比赛，也有竞争，但永远是友谊第一比赛第二，强身健体是活动的主旨，奥森的步行道留下了我们的汗水，也留下了我们相互携手、共同前进的回忆，多少公路人的下一代为爸爸妈妈拍手加油，多少公路人的父母为儿女助威呐喊，家人也为我们作为公路人而感到骄傲。这就是我们的集体——积极乐观、带给我们无限阳光的温暖。

曾经，我会想，工作是为了生活，那工作势必是沉闷的、单调的、没有色彩的；现在，我会想，工作是为了生活，但是工作不仅仅是谋生的手段，它可以让生活更加快乐、充满幸福感，会让我们更加积极地去面对生活，工作也可以是充满色彩，充满正能量的。

且歌且行

秦佳斌 北京公科飞达公司

泰戈尔曾说："工作使人免除三大流弊：生活乏味，胡作非为，一贫如洗。"

清朝张潮说："人生之乐莫于闲，闲非无所事事也。闲者能读书，闲者能游名胜。"

然而，我要说："日出之光，生无所息，定使生如夏花之灿烂；日落黄昏，生之所息，便使死如秋叶之静美。"

长久以来，工作让我辗转于全国各地。坐在窗前，我无数次问过自己：你有多久没有好好看看这蓝蓝的天，闻一闻这芬芳的花香，听一听那鸟儿的鸣唱？有多久没有回家看看，听听家人的倾诉？有多久没和他们一起吃饭，听听那妻儿的欢笑？是不是因为一路风风雨雨，而忘了天边的彩虹？是不是因为行色匆匆的脚步，而忽视了沿路的风景？除了一颗疲惫的心，你还有一颗感恩的心吗？

也许坎坷，让我看到互相搀扶的身影；
也许失败，我才体会出一句鼓励的真诚；
也许不幸，我才更懂得珍惜幸福。
在飞达的日子，累并幸福着……

记得多少个假期和周末，我在加班，远方的他们一定想念着我吧？又有多少个寒冷的冬日，炎热的夏日，那木长椅、林荫路应该留下我们一家三口的背影吧？我嫉妒着别人拥有的天伦之乐。然而，我也虔诚地感谢飞达的接纳与给予。每个生日里，工会给予的温暖祝福，让我在寒冷的冬日了拥有了春天的希望；工会对孩子出生的关怀，让我本来愧疚的心里多了些许安慰。因而在飞达的每一天，我都充满着感恩。是她让我学会了宽容，懂得了承受；是她让我学会了付出，懂得了回报。

▶秦佳斌

曾听说过这样一句深刻而哲理的话，“落叶在空中盘旋，谱写着一曲感恩的乐章，那是树对大地的感恩；白云在蔚蓝的天空飘荡，描绘着一幅幅感恩的画面，那是白云对蓝天的感恩。”

如今，我已工作5年，我从未停止过前进的步伐。快节奏的生活，让我不断思考，思考如何创造一滴水的精彩，而决不甘心让自己的生命只停歇在荒原蔓草之中，只任凭清风推动我思索、沉于无聊、耽于空想、流俗于陌陌郊草。我感恩，感谢飞达！是她给了我引领，让我在迷茫的毕业之际找到了人生的方向；我感恩，感谢飞达！是她给了我希望，让我在困顿的人生荒原中找到了点点绿色；我感恩，感谢飞达！是她给了我坚守，让我在无数个愧疚与想念的日子里懂得了坚守。

人生，就是一部行走录，一路经过荒漠海洋，顿生一片辽阔；又遇崇山峻岭，更添一份曲折；还有无穷无尽的花海果林，增加丰收的喜悦，得到的却是一片精神的花园。一切的一切，工作是为了更好地生活，生活亦离不开很好地工作。

生无所息，如夏花之灿烂；生有所息，亦如秋叶之静美。

交通运输部公路科学研究院组织机构沿革大事记

1. 1956年6月1日，为响应中央“向现代科学进军”的号召，开展公路科研事业，交通部决定在公路总局材料试验所的基础上成立“公路总局公路科学研究院筹备处”，任命曾威为筹备处主任。

2. 1956年8月1日，公路总局公路科学研究院筹备处改由交通部直接领导，改名为“交通部公路科学研究院筹备处”。

3. 1956年9月29日，交通部部长章伯钧向国务院呈报“公路科学研究院筹备情况并请准予组织成立”请示。

4. 1956年10月10日，国务院全体会议第38次会议审议通过交通部干部职务任免事项，任命马奔同志为交通部公路科学研究院院长，曾威和王能何两位同志为副院长，标志着“交通部公路科学研究院”正式成立。

5. 1958 年 11 月 8 日，由于精简机构、压缩编制，交通部公路科学研究院改为“交通部公路科学研究所”。

6. 1960 年 11 月 28 日，交通部决定，公路科学研究所、水运科学研究所调整合并为“交通部交通科学研究院”，马奔同志任院长。

7. 1970 年 6 月 22 日，原铁道部、交通部和邮电部邮政部分合并成立交通部。1972 年 1 月 6 日，交通部决定，自 1972 年 1 月 1 日起，将原铁道部铁道科学研究院和原交通部交通科学研究院正式合并，合并后定名为“交通部科学研究院”。

8. 1975 年 1 月 17 日，全国人大四届会议决定将原交通部划分为铁道部和交通部，1 月 27 日起两部分开办公。1 月 29 日铁道部、交通部临时领导小组决定，交通部科学研究院自 1975 年 2 月 1 日起，分为铁道部铁道科学研究院和交通部交通科学研究院。

9. 1975 年 3 月 6 日，交通部下发通知，我院定名为“交通部科学研究院”，为部属一级事业单位。马奔任临时领导小组组长。

10. 1981 年 3 月 14 日，交通部党组第 21 次会议讨论决定，交通部科学研究院与交通部科技局为一个机构、两块牌子，将水运所、公路所分开，分别定名为交通部水运科学研究所和交通部公路科学研究所，由交通部领导，独立运行。刘以成任公路所所长、董枫任临时党委书记。

11. 1984 年 9 月 5 日，交通部机关临时党委正式批复成立交通部公路科学研究所党委，唐中彝任党委书记。

12. 1986 年 9 月 6 日，交通部机关工会批准成立交通部公路科学研究所工会委员会，姚文煜任工会主席。

13. 1987 年 2 月 11 日，共青团交通部机关委员会批准成立交通部公路科学研究所团委，宁延令任团委书记。

14. 2005 年 11 月 17 日，为进一步完善交通科技创新体系建设，交通部决定，交通部公路科学研究所启用“交通部公路科学研究院”名称。

15. 2008 年 3 月 15 日，十一届全国人大一次会议决定，在原交通部的基础上组建交通运输部。2009 年 11 月 20 日，交通运输部下发通知，要求部属单位原冠“交通部”字样的单位名称改冠“交通运输部”字样，自 2010 年 1 月 1 日起统一启用新名称。交通部公路科学研究院随之更名为“交通运输部公路科学研究院”。